嫁人就嫁经济适用男

李少聪◎编著

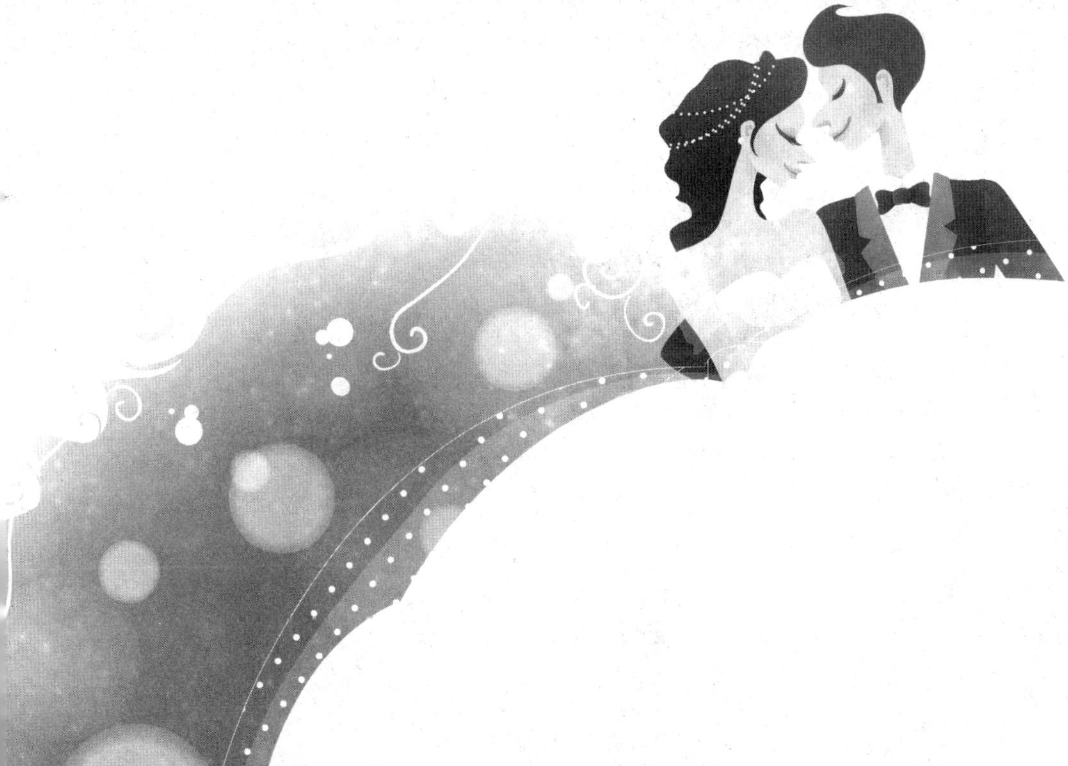

当代世界出版社

图书在版编目（CIP）数据

嫁人就嫁经济适用男／李少聪编著；—北京：当代世界出版社，2009.10
ISBN 978-7-5090-0556-9

Ⅰ.嫁… Ⅱ.李… Ⅲ.①爱情—通俗读物②婚姻—通俗读物 Ⅳ.C913.1-49

中国版本图书馆CIP数据核字（2009）第172789号

嫁人就嫁经济适用男

编　　著：李少聪
责任编辑：张　勇
出版发行：当代世界出版社
地　　址：北京市复兴路4号（100860）
网　　址：http://www.wordpress.com.cn
编务电话：（010）8390 8400
发行电话：（010）8390 8410（传真）
　　　　　（010）8390 8408
　　　　　（010）8390 8409
经　　销：全国新华书店
印　　刷：北京才智印刷厂
开　　本：700×1000毫米　1/16
印　　张：16
字　　数：140千字
版　　次：2009年10月第1版
印　　次：2009年10月第1次
书　　号：ISBN 978-7-5090-0556-9
定　　价：28.00元

版权所有　侵权必究　印装错误可随时退换

前言

嫁人,是女人一生最大的"博弈"。如今,正是80后女生择偶嫁人的流行季,嫁个好男人,关系到80后待嫁女们一生的幸福。难道说结婚就只能是赌青春韶华和一生的幸福?谁才是你的真命天子?是否要这样一直盲目地等待下去?

一个新兴"族群"的出现,让众多80后待嫁女们看到了希望,有了追求的目标。这就是当下网络上最流行的适合做丈夫的新好男人——经济适用男。

所谓经济适用男,就是指那些身高一般、发型传统,相貌过目即忘;性格温和,工资无偿上缴给老婆;不吸烟、不喝酒、不关机、不赌钱、无红颜知己;月薪3000~10000元,有支付住房首付的能力;一般从事教育、IT、机械制造、技术类行业的男人。

"比我老公顾家的没我老公有钱,比我老公有钱的没我老公顾家。"是对"经济适用男"的经典描述。"经济适用男"的概念来源于经济适用房,经济、实惠,一个定位于"经济适用型"的时代正在开启。不少80后待嫁女们找对象的标准发生着变化,从以前的"金龟婿""王老五"的幻想,回归到倾向务实的"经济适用男",择偶新标准正蔚然形成。

嫁人如买房,只买适合自己的,而不是只图贵的。选择那些华而不实,看起来漂亮,说起来奢侈,但住着不舒服的,到头来遭罪的是自己。相比家财万

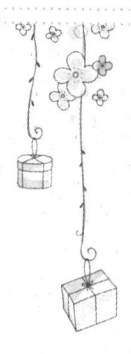

贯的"王老五","经济适用男"靠着自身的努力默默成长,受到越来越多80后待嫁女们的青睐——"钱不在多,够用就行。""现在就想找个工作稳定的对象,知道心疼人,有安全感比什么都重要!""经济男和金龟婿就像白开水和饮料,白开水没饮料好喝,但是解渴而且喝不腻。"

也许,"经济适用男"没有经济实力送你一瓶法国玫瑰制成的香水,也不会出其不意地制造一个送你一辆豪华轿车的意外惊喜。但是,他会在雨天默默地为你撑伞,会在你胃疼的时候,搜寻一家家药店买回对你最有效的药,会在你任性、失意或烦恼的时候,张开一个温暖的怀抱,对你加倍呵护,时不时还会为你下厨做一顿可口的家常菜。

"经济适用男"虽然没有富足的身价,也可能不够浪漫,但他们对老婆更细心体贴,更热爱家庭,从不拈花惹草,挣钱虽然不多,但也能让你过上中等生活。视家庭为使命的性格决定了他们会将大部分收入投入到家里,所以他们是最具潜质的好老公、好父亲,绝对是结婚的"好材料"。

嫁个好男人无疑等于嫁给了好的生活!嫁个经济适用型男人,已经成为当下最流行、最适用的选择。相信如果是一个通过自己的勤奋、努力赚钱养家,做事有章法,懂得为家庭创造财富,并将收入投入到家里,懂得为妻儿、为亲人、为社会付出爱与责任心的男人,你一定不舍得错过!

Chapter 1

投资婚姻，要嫁就嫁"经济适用男"

1. 婚姻是一项风险投资　　　　　　　　2
2. 幸福，是投资婚姻最丰厚的回报　　　4
3. "金龟婿"不一定给你最高的回报　　　6
4. 太有钱和太穷的男人都不能嫁　　　　9
5. 嫁给N种男人的N种结果　　　　　　12
6. 优选性价比极高的经济适用男　　　　15
7. 经济适用男是一支潜力股　　　　　　18
8. 盛产"经济适用男"的星座　　　　　20

Chapter 2

"经济男"不是最优秀的，但一定是最合适的

1. 沦为"剩女"，因为眼光太高　　　　　　　24
2. 与华丽的外表相比，你更需要一个温暖的怀抱　25
3. 中派男人才是真正的极品　　　　　　　　　27
4. 清楚自己要什么，home还是house　　　　　30
5. 他也许不是最优秀的，但却是最合适的　　　32
6. 鲜花偏爱"牛奋男"　　　　　　　　　　　35
7. 嫁人就嫁"灰太狼"　　　　　　　　　　　38
8. 彼此学历上不悬殊是幸福的前提　　　　　　41
9. 他钱不多不重要，重要的是他愿意为你花钱　44

Chapter 3
他最大的优势是给女人安全感

1. 他不是"钻石男",但至少能让你衣食无忧　　48
2. 相貌平平更让人放心　　50
3. 像"优乐美"一样把你捧在手心里　　52
4. 他总是能抽出更多的时间陪你　　54
5. 热心对待你的朋友们　　57
6. 他怀中的温度在不经意间感受到　　59
7. 不管他在哪里,你都能收到他的消息　　61
8. 你可放心向他倾诉你内心的想法　　64

Chapter 4
他心中的责任感比口袋里的钱多

1. 比他顾家的没他有钱,比他有钱的没他顾家　　68
2. 能够愉快地承担责任　　71
3. 他从不将婚姻当儿戏　　74
4. 家庭在他心中永远是第一位的　　76
5. 用情专一,能理智拒绝诱惑　　79
6. 他是别人眼中的"妻管严"　　82
7. 在你面前既会做父亲又会做儿子　　84
8. 他不把家务当成女人的专利　　86
9. 他是个有担当的男人　　89

Chapter 5.

○ 他的爱不张扬却绵延悠长

1. 他不懂浪漫却懂爱　　　　　　　　　　　92
2. 他没有花言巧语却真心疼你　　　　　　　95
3. 他表达爱的方式有点木讷却真诚无比　　　97
4. 懂得珍惜和照顾女人　　　　　　　　　　100
5. 你们吵架了，总是他先让步　　　　　　　102
6. 在他眼里，你是"至宝"　　　　　　　　105
7. 忘记了"纪念日"并不代表他不爱你　　　107
8. 他不会嫉妒你在事业上超越他　　　　　　110
9. 他对你的尊重是最真的爱　　　　　　　　112

Chapter 6.

○ 奋斗是他的标签，勤劳是他的砝码

1. 经济男的一大特点是有"上进心"　　　　116
2. 工作勤勉努力，是老板眼中的好职员　　　118
3. 把忠诚当做是一种能力来提高　　　　　　120
4. 他勇于尝试和冒险　　　　　　　　　　　123
5. 他对工作永远保持热忱　　　　　　　　　125
6. 嫁人就嫁个有梦想的男人　　　　　　　　127
7. 他会经常自我"充电"　　　　　　　　　130
8. 他能在家庭、事业之间找到平衡点　　　　133

9. 在事业上出谋划策，做你强有力的后盾　　135
10. 他会帮你实现梦想　　138

Chapter 7
完善的人格和讨人喜欢的性格

1. 好嗜好，养男人，也养女人　　142
2. 他的大度滋养女人的心灵　　144
3. 温柔的男人将是好丈夫　　147
4. 生活中，他总保持积极乐观的心态　　149
5. 有情有义有始有终的男人能给你幸福　　152
6. 在你面前乐观和微笑的时候多　　154
7. 嫁给懂幽默的男人是女人的福气　　156
8. 会主动做饭给你吃　　159
9. 爱笑的男人具有独特的魅力　　161
10. 时时记得夸奖你　　163
11. 能看到你为他做的改变　　165
12. 懂得跟你分享　　168
13. 懂得给你留一点私人空间　　171

Chapter 8

如何赢得"经济适用男"的青睐

1. "经济适用男"最青睐的女性　　　　　　174
2. 将过去的缠绵锁到密码箱　　　　　　　179
3. 与网络暧昧说再见　　　　　　　　　　181
4. 衣着：简单也可以是品味　　　　　　　184
5. 朋友的性别不可含糊　　　　　　　　　186
6. 诱惑他的胃比诱惑眼睛更长效　　　　　188
7. 成为他生活中的氧气　　　　　　　　　190
8. 当你足够优秀时，爱情自会来敲门　　　192
9. 你越是爱自己，得到爱情的机会就越多　194

Chapter 9

警惕经济但"不"适用的男人

1. 千万别嫁只点便宜菜的男人　　　　　　198
2. 有些好男人也不能嫁　　　　　　　　　200
3. 分清两种"大男子主义"　　　　　　　203
4. 让偷情的野猫回归野外吧　　　　　　　206
5. 太自私的男人坚决不能嫁　　　　　　　208
6. 有"暴力倾向"的男人要踢出局　　　　210
7. 别人的男人碰了都是痛　　　　　　　　214

8. 不孝敬父母的男人不能嫁，太孝敬父母的男人也不能嫁 217
9. 如果一个男人开始怠慢你，请毫不犹豫地离开　　220

Chapter 10
幸福才是硬道理

1. 幸福不幸福取决于你看重什么　　224
2. 真正的爱情才是最实在的东西　　227
3. 幸福藏在激情过后的平淡日子里　　230
4. 不要总等着他先说出那句"我爱你"　　233
5. 不要为他付出得太多　　236
6. 女人，不一定要很强　　239
7. 别碰经济男的"禁区"　　241
8. 让他把爱你的习惯深入骨髓　　244

Chapter 1

投资婚姻,要嫁就嫁"经济适用男"

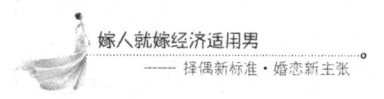

1
婚姻是一项风险投资

婚姻看似平静，里面却暗藏波涛。婚姻就像风险投资一样，里面有太多的风险性，只有少数幸运的人和少数精明的人才会满载而归。而那些随便选一只股"嫁"了的，最后都血本无归。在股市中，如果赔了，我们赔的是钱，而在婚姻中，如果输了，我们输掉的却不止是青春，还有一生的幸福。

有多少女人能把婚姻像股票一样对待？你花了多少时间去研究究竟该买哪支"股票"？当股市低迷的时候，有多少人肯果断补仓勇敢买进，当婚姻平淡的时候，又有多少人在干着割肉的蠢事？

婚姻有太多的不确定，有太多的诱惑和变数，即便你选了绩优股也不能保证就永远赚钱，你得在熊市的时候有勇气、耐心、毅力，还需要有智慧。如果没有持之以恒的"长期持有"，就永远等不到它的翻倍。也有可能你本身选择的就是一支垃圾股，长期持有的结果只能是"血本无归"，你得有"人财两空"的准备。婚姻不是儿戏，随随便便就投入进去，像这样没有花费心思的草率行事，是对自己人生的不负责，终究不会收获幸福。

婚姻不是你随手找个"还凑合"的人就嫁了，对待婚姻，我们要拿出"不凑合"的精神。想想看，女人把自己的整个命运和价值都寄托在男人身上，男人一旦贬值，女人就跟着贬值；男人一旦变卦，女人"毛之不存皮将焉附"？所以，想要降低婚姻的风险，需要我们用智慧驾驭婚姻这个"股市"的走势。

读初中的时候，杨倩颖和张国成是初中同学，没想到大学毕业后又机缘巧合地遇见，不久两人走到了一起。

激情总有平淡的一天，争吵和摩擦开始频繁出现，张国成在一家机关上班,虽然清闲但工资不高。可是,柴米油盐酱醋茶样样都要钱,看着别人一个个换大房子,又买车,日子过得异常光鲜,杨倩颖不敢想象就这样过一辈子。当感情被琐碎的生活消磨得越来越少,杨倩颖想,与其守着清贫耗费青春,不如找个事业有成的人,自己还能轻松一些。

一年后,杨倩颖选择放弃婚姻,离开了那个城市,开始寻找她新的生活。如她所愿,她果然找到了一个多金的丈夫,但婚后生活却让她大失所望。丈夫总是找各种借口不回家,好几次杨倩颖都发现丈夫身上有一股若有若无的香水味。杨倩颖后悔自己当初的选择,开始怀念起张国成对自己的好来。

有的女人把多金作为选取丈夫的首要条件,她们觉得只有多金的男人才能把婚后物质匮乏的风险减少到最低。有的女人陷入了两难,无法确定自己该不该和相恋多年的男友结婚,他有贴心、细心,却没有物质,结婚不甘心,离开又舍不得,更怕找不到好男人。

但要知道,凡事没有完美,人总是有不足的,关键还是要权衡利弊,找到一个平衡点。我们无法预测未来,所以才说婚姻是一个赌博,是一生的风险投资。在下注之前,要多方面考量,万不可把金钱当成唯一的指标。

韩英和董维是大学里的同学,他们毕业后一人分在中学教书,一人分在进出口公司干贸易,两夫妻看起来一人老实勤快,一人美丽贤慧,婚后一年又添了个小宝宝,三口之家十年来生活得其乐融融,没想到董维却被公司里的女秘书给勾引住了,为她舍妻弃子,最后两人以离婚结束,原来看似和睦的家庭就这样无情地拆分。

社会中婚姻变化最大,曾经看似郎才女貌,白头携老的夫妻,到头来分道扬镳甚至反目成仇。

婚姻是一项风险投资,但却值得你冒险。结婚的风险更多的是情感投资,经济收益不一定需要结婚,而情感收获却离不开婚姻!谈到婚姻,多数的男人在女人眼里只能是期货,现在看不出它的走势,是涨还是跌。没有情感基础的

婚姻只能是纯粹的经济投资,赢了就全赢,输了就全输;但以爱情为基础的婚姻,无论未来经济上的走势如何,你始终是赢了一半的,因为有情。

幸福,是投资婚姻最丰厚的回报

婚姻太朴素了,朴素在于剥开了华丽的外表;婚姻太真实了,真实在于散尽了美丽的迷彩。婚姻是女人一生最大的投资,而最丰厚的回报则是一生的幸福。

翎子是在两年前认识现在的先生李杰的。那时,她刚结束了初恋,情绪正处在低谷中。她和初恋男友从中学到大学,一直在一起,关系也很稳定,很多人都很羡慕。大学毕业后,她在一所中学教书,男友在一家外资办事处工作,大家都忙忙碌碌的,于是见面次数少了很多。而后,他渐渐地变得忽冷忽热,若即若离,令人无法忍受。于是,翎子先提出了分手,他没有表现出一点点的留恋。

翎子现在的先生李杰是一个公务员。李杰长相普通,穿着亦不讲究。那天相亲和翎子聊天时他便坦白地说:"我还没有谈过恋爱。"那年,李杰二十九岁。对于这一点翎子并不吃惊,因为他外表不出众,并且性格又内向。但她很快感觉到了李杰对自己的好,实实在在地感受到了自己在他心目中的地位。

相处两年后,翎子嫁给了他。因为她知道,李杰不是最好的,甚至很多人都认为他有点儿配不上自己,但是,只有她内心明白自己的这个选择是多么正确。

也许对于身边的一些"结合",我们无法理解,比如美丽的窈窕淑女依偎在一个"三寸丁谷树皮"的丈夫身边,又或者是精明能干的女经理嫁给了老实巴交的小学教师,聪颖贤惠的女人嫁给了一个不善言辞,甚至看上去还有些呆的男人……

这样的组合，总是让人觉得愤愤不平，但更令人吃惊的是，那些看上去似乎不般配的夫妻，居然能过得很幸福美满，而这其中婚姻幸福的秘诀又是什么呢？其实，不必对这样的"组合"感到诧异，因为对于女人，婚姻最关键的还是在于另一半能否给自己幸福，而其他诸如外貌、身高、家产多少，只能是附加条件。

找对另一半，是婚姻幸福的良好基础。有的人为了金钱而嫁人，但最后换来的却是一夜夜的独守空房；有的人即便是明白对方并不是真心爱自己，还是苦苦坚持，最后换来的是一个人的落寞；有的人尊重父母的意思，嫁给一个自己并不爱的人，婚后的苦楚只有自己知道。

盲目、草率的选择伴侣结婚，不计后果的投入，随之而来的只会是感情趋于平淡，精神愈发空虚。为了自己的幸福，在步入殿堂之前一定要想清楚，谁，才是真正能给自己带来幸福的人。

柯雪在一家外贸公司做翻译，月薪7000元，有过两次失败恋爱经历的她最终却选择了一个月薪只有3000的男人相恋，并且打算结婚。前两任男友都很优秀，一个是年轻有为的IT界精英，一个是电视台的名主持。虽然他们很有能力，也很有才华，但和他们在一起却感受不到幸福。直到找到了现在的男友胡伟，她才知道这才是自己真正想要的爱情。

胡伟对柯雪关怀备至，在柯雪不开心时，他会永远站在她身旁，耐心倾听柯雪倒苦水。胡伟很尊重柯雪，不会像前两任男友一样只顾及自己的意见。两人发生争执的时候，通常是胡伟最先让步。如果柯雪是对的，他能坦然地承认错误；即使柯雪不对，他也大度地原谅。最重要的一点是胡伟不会因为工作和朋友而忽略柯雪，这也是前两任男友都难以做到的。虽然论才华和能力，胡伟比不上前两任男友，但胡伟却能带给柯雪最需要的关爱，所以，柯雪最终选择了他，也成为了一个幸福的小女人。

现实生活中，我们往往把爱理解成生活的点缀或装饰，把婚姻当成爱的雀巢。其实，婚姻只是爱的一种形式，不是所有的爱都能形成婚姻。婚姻也并非

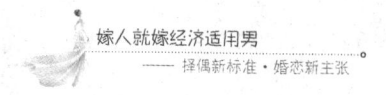

是一个围城，由爱而形成的婚姻是爱的一种升华，一种境界，值得珍惜厮守。

年轻时，我们不切实际，幻想着结婚的对象不但要帅，而且要多金，当然更重要的是爱自己。但后来才发现，世上根本就没有这样的完人，我们也明白，只有体贴自己，尊重自己，在最需要的时候总是能在自己身边的人，才能给我们最大的幸福。而这，也是婚姻给女人最大的福报。

"金龟婿"不一定给你最高的回报

嫁个有钱人体现了时下很多女性的梦想，钓个"金龟婿"也成为众多女性孜孜不倦的追求。某网站上曾经做过的调查显示，有93%的未婚女性想要嫁个有钱人，这个数字从某种程度上反映了女人们对爱情和婚姻的态度。

看看那些报纸、杂志上的征婚广告吧，女方总是把经济基础和事业有成作为最基本的择偶条件。有些很年轻漂亮的女孩子为了这一条件甚至愿意找年龄大甚至是离异但事业成功的男人，更有甚者不惜充当"小三"的角色。

可是，"金龟婿"就真能给你幸福吗？要知道，嫁给有钱人的日子也不一定那么好过。你是否想过，你朝思暮想的"金龟婿"除了能给你足够多的钱以外，能否给你真爱和幸福？

黄珊珊很艳羡那些名门望族的生活，他们身上的每一样东西都代表着他们的身份和地位。穿国际知名的服装，开最新款的名车，出入各种高档场合。为了能钓个"金龟婿"，黄珊珊经常出入艺术展览、音乐厅、古玩市场等场所。

在一次观展会上，黄珊珊注意到了一个品位不凡的中年男士。他手上戴着rolex的满天星，站在一尊金刚手菩萨像前。黄珊珊大方地走上前去，露出一副久逢知音的表情："你也喜欢这个？"男士扭头看着黄珊珊，一脸微笑。

于是，黄珊珊赶紧展示自己的功底："金刚手为大势至菩萨的愤怒化身，你看这色彩，你看这形象，是典型的康区作品……"

话匣子就这样打开，双方交谈得很愉快。从交谈中，黄珊珊得知他叫李天，是个离异的美籍华人，对中国的传统文化有着浓厚的兴趣，在一家外贸公司任职。分别时，黄珊珊与李天互换了名片。从那以后，凡是与中国传统文化相关的展览，黄珊珊都会约李天一同前去。

不久，黄珊珊终于如愿步入了梦想中的婚姻殿堂。但结婚不久后，黄珊珊发现李天和她刚认识的时候截然不同。那时的李天彬彬有礼，但婚后才发现，他的绅士都是装出来的，经常动不动就对黄珊珊破口大骂。

不仅如此，嫁入豪门之后，黄珊珊的自尊经常受到伤害。有一次，李天的妈妈和一些亲戚在打麻将，黄珊珊好心地过去问要不要吃水果。结果，李天的妈妈当着那么多亲戚的面，不耐烦地说："问什么问，你切好了，直接拿过来啊！"李天在一旁也跟着不停地催促，黄珊珊当时差点没哭出来。

一年后，黄珊珊发现李天居然在办公室和他的女秘书鬼混。事后李天没有半点悔意，还说人家主动送上门的，不要白不要。结婚那么久，黄珊珊没有感觉到半点幸福，不久后，这段婚姻走到了终点。

都说相爱容易相处难，两个人恋爱，不是看对方多有钱、多有能力，也不是看对方是不是精英阶层，而是要看这个人能不能给自己带来幸福的感觉。也许你喜欢他的浪漫，也许你喜欢他的体贴，也许你们有共同的喜好，或者没有任何理由，只是相爱这么简单，只有适合自己的才是最好的，千万不可只凭金钱来衡量一个人。

婚姻中的另一半是要一起走一辈子的人，所以你的选择一定要慎之又慎，感情毕竟不是物品，不喜欢了可以扔。你要对自己的选择负责，对将来一生的幸福负责。"金龟婿"并不都如想象中那么好。

李珊和梓轩在大学时代就相恋，郎才女貌，在众人眼中，他们是让人羡慕的一对。大学毕业后，他们一起来到广州，希望能够通过自己的努力赚得二人幸福的将来。

但现实给了他们当头一棒，刚刚走出校园的他们，根本就找不到很满意的工作，梓轩每个月的收入只有两千元。以当时的情况，即使再过10年，也买不到房子，更不要说其他的了。梦想与现实的差距总会让人难以接受，原来的热情逐渐被现实的冷水浇灭。看着灯红酒绿下这座妖娆多姿的城市，李珊顿感失落，每次逛商场看到别人试穿漂亮的衣服，心里就很不平衡。李珊不甘心自己的美貌就这样被埋没，抱怨越来越多，她开始怀疑自己当初的选择。

这时，李珊认识了比自己大七岁的建宏，30岁的男人，早已褪去了青春的青涩，成熟而稳重。他是李珊的上司，出手阔绰，他会给她买名牌衣服、名贵首饰，带她去各种高级场所。女人的虚荣心开始作祟，李珊想，这不就是自己想要的生活吗？自己嫁给这个男人，这辈子就不用发愁了。

梓轩的苦苦挽留到底没有打动李珊，很快，她就和建宏结婚了。然而，婚后的生活并不如意，即使是人参燕窝，天天吃也是会吃腻的。李珊发现，自己的丈夫根本就是个花花公子，到处拈花惹草，经常不回家，他们的婚姻，早已名存实亡。

想起和梓轩在一起的时光，虽然日子过得很拮据，但他是可以依靠的，如果当初可以踏踏实实地过日子，相濡以沫也还是很好的。现在呢？只有寂寞和自己作伴。虽然很后悔，但他们终究是回不去了。

当爱情只剩下了一具空壳，珠光宝气包裹下的心还能感受到一丝温暖与幸福吗？"金龟婿"虽然有钱有势，但也有诸多隐患，比如他们易惹桃花。对于这种多金男，投怀送抱的女人大有人在，别说"男人有钱就变坏"，就算他坐怀不乱，也架不住身边花蝴蝶的狂轰滥炸。

而且，金龟婿大多有许多事要处理，还有一大堆的应酬要参加，加上长久地进行商旅，独守空房的时候，钞票可不能陪你说话。

豪门规矩多。金龟有金龟的气质，而你就算披了金嫁衣，骨子里也免不了有下里巴人的俗气。对于高高在上的婆婆，你有足够的心理承受力接受她对你的百般挑剔？

有一段话说得很经典：女人过河，是选择让自己快乐的摆渡者，还是选择让别人羡慕的豪华船?上船之前,女人们一定要想清楚两点:一是这条船对你来说是否安全,摆渡人是否可靠,会不会出现半路漏水、换人、改变方向等等事故;二是这条船是否和你同一目标,要到达同一幸福彼岸!

钓金龟婿,也就像是搭乘一艘豪华船。搭乘之前,奉劝那些爱做梦的MM也将这两点好好地想一想。别再让浮华蒙蔽了你寻找幸福的双眼,让一堆钞票换走你一生的幸福真的不值。

4

太有钱和太穷的男人都不能嫁

10元钱,男人给你买根雪糕都要斤斤计较;100元钱,男人请你吃一顿饭要对餐厅挑三拣四……没钱的男人小气,抠门,和他在一起,让人觉得生活索然无味。但是,钱多了就好吗?当他满不在乎的随便甩出一把票子让你去消费,却没了陪你的时间,因为花枝招展、投怀送抱的女人已经让他失去了抵抗力。这时候,再奢侈的生活又能带给你多少心灵的满足呢?

上面的话生动地刻画出了男人从没钱到有钱的蜕变,形容得太贴切了:太穷的男人保证不了你们的生活,太有钱的男人顾及不到你们的爱情,唯有中间的才能给你真正的幸福,"经济适用男"就属其中。

俗话说贫贱夫妻百事哀,这不无道理。宁可不爱,也不要贫穷的爱情。生活品质是爱情可靠的基础,贫穷的爱情会将所有的浪漫与美好的幻想一点点磨灭。这不是我们太现实,是这世界让我们不得不现实。

上海滩两位著名女作家苏青和张爱玲,都有共同的观点:用丈夫的钱是应该的,是一种快乐。当然,张爱玲还加了一句,如果你爱他的话。所以说,找男人不看他的经济实力是不现实的。金钱之于男人,是铠甲,更是肌肉,是强心剂,更是大力丸,而这些确实能给女人带来安全感。

大抵每个人都有过纯真浪漫的情怀，坚信爱情的美好胜过一切。大学时代的我们，会为男友冬夜里不顾寒冷紧握住自己的双手而感动，会为一条最廉价的围巾而感动。那时的我们不用去想我们要买怎样的汽车、住怎样的房子，不用去想明天穿什么，我们只需要和他肩并肩坐着看星星，只需要看见他在寒风中抱着一摞书等你去上晚自习，只需要坐在他的自行车后抱着他的腰，幸福就会溢满心扉了。

　　可是那个时代已彻底地离我们远去，当我们开始每天辛苦地工作，早出晚归，忍受污浊的空气、拥挤的公车和地铁，加班加点、忙碌奔波时，曾经美好的爱情都被消磨完了。我们学会了计算一个月的薪水交完房租水电还可以买几双名牌丝袜，学会了每月要存多少钱以备以后供房子供车……是的，我们现实了、势利了，但人人都有权要求一份有物质保障的更加完美的爱情。

　　试想，当你所爱的人每天在早市上为了一毛两毛而跟菜贩子讨价还价，当你想为自己添件新衣，但面对日复一日依旧贫穷的他却无法开口时，你还能说"我是幸福的"吗？你还能保持最初的浪漫与温情吗？岁月的风霜会将所有的浪漫与美丽的幻想一点点消磨殆尽，很残酷？但是，这就是生活。所以嫁人，一定不能嫁太穷的。

　　另一方面，太富有的人，也不能嫁。人品问题暂且不谈，人太有钱，身边的诱惑就多，即便你老公不去招惹别人，你能保证别人不去招惹他？你能保证在一拨接一拨的攻势下，他不会被诱惑？不会心动？

　　朱雯是个可爱又单纯的女孩子，生活也让人羡慕。虽然自身家庭条件中等，但却嫁了个很能干的老公。她老公自己开了一家律师事务所，年收入几百万。家里的房子有三套，宝马、奔驰各一辆，家庭的殷实可想而知。

　　不过让所有亲戚都意外的是，这样的生活并没有带给朱雯快乐。原来，朱雯打算在30岁之前要个孩子，可是检查发现了子宫囊肿，要是开刀拿掉的话就再也不能生孩子了。老公得知这个消息不但不关心她，还在这个时候告诉她自己已经和秘书有了私情，而且秘书答应给他生个孩子。他还说，只要朱雯不反对，就不会提出离婚，言外之意就是让朱雯做个名不副实的太太而已。

朱雯犹豫不决，她觉得自己实在是离不开他，不单是精神上的，还有物质上的。但是如果这样下去也实在太窝囊。毕竟自己还年轻，还有机会重新来过。一切只怪当初看走了眼，错误的嫁给了一个有钱的男人。

如果不是伴随着他一起从零打拼起来的，还是不要考虑嫁给有钱人的好。男人有钱，其中的隐喻含义是你自己没钱，而且你们之间相差很多，他所能带给你的物质享受可能是你自己努力一辈子也得不来的。这种生活的必然结果就是他逐渐成为你唯一的依靠，而你自己则丧失了奋斗的动力。即便后来你发现你们之间有太多的矛盾，你也很难劝说自己离开了，因为你已经习惯了富太太的生活。

而且，有钱的男人可以吸引你，也可以吸引绝大多数女人，你辛辛苦苦满怀情意给他挑的劳力士，可能就成了他吸引别人的诱饵。一旦爱情变质的时候，你失去的不但是他，还有自我。

所以，有钱的男人千万别嫁，如果一不小心真的嫁给了一个有钱的男人，一定要努力争取和他一样有钱，至少缩小差距。

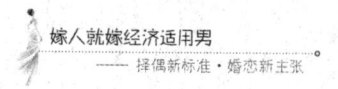

5

嫁给N种男人的N种结果

选择不同，结果就不同，有的女人满载着幸福而归，有的女人却伤痕累累。那么，现在我们就来看一下嫁给不同男人的不同结果。

（1）嫁给有钱的男人

多年前，香港女明星叶蕴仪嫁给玩具业的富商陈柏浩。当年丈夫为了表达对妻子的爱意，甚至以叶蕴仪为原型制作了一批人偶玩具，他们的那场豪华婚礼不知羡煞了多少人。然而好景不长，就在她生下第二胎时，老公开始出轨，昔日欢乐褪尽，随之而来的则是终日以泪洗脸的日子。

嫁个有钱人，食有山珍海味，行有顶级香车，住的是豪华别墅，穿的锦衣丽服，整天世界各地的旅游，快递上门的礼物不是LV的包包就是香奈儿的香水，这种日子应该很不错吧？可是，男人挣钱需要时间和精力，有钱的男人不是锱铢必较的商人，就是忙于应酬的权贵。

商人的脑子里充满利益，每天算计投入和产出，缺乏温馨。权贵男人的脑子里充满关系，每天衡量着该和谁近，该和谁远，缺乏柔情。

有钱的男人往往没时间，会将女人冷落一边，她们在"金屋"里所受的委屈也只有独自消受，弄不好还会遍体鳞伤地被轰出豪门之外。嫁给这种男人的女人，等于嫁给了电视机，嫁给了美容院，要忍受长久的精神上的空虚，空有一份表面上的华丽，内心的苦涩有谁知道？再遇上个花心的，老公包二奶三奶也得假装看不见……姑娘们，你愿意忍受这种生活？

（2）嫁给帅哥

帅哥固然赏心悦目，但赢得帅哥的芳心容易，想要守住帅哥，那就太难了。就算帅哥有心一生只爱你一人，也顶不住别的女人不管不顾的爱心奉献。帅哥长得帅，艳遇来的快，快的叫你斩不尽杀不绝，然后你的婚姻就成了一场你方唱罢我登场的闹剧。

（3）嫁给外企男

外企男一度非常受欢迎，原因很简单：薪水高、福利好、说出去体面，还能经常出国。但嫁给外企男也有不安全的时候：经济形势好的时候春风得意，一旦来场金融危机，失业压力就让人喘不过气了。

几年前，张小雪有幸嫁给了在某"世界500强"公司工作的叶峰，叶峰月薪过万，张小雪的工资也有四千，小两口在上海买了套房子，每月还房贷就要5000多。好在叶峰除了工资，还有各种名目繁多的津贴补助，所以夫妻俩在上海过得还算不错。

可好景不长，一场百年不遇的金融风暴在2008年底波及中国，叶峰被裁员了。房子还贷成了问题，幸亏张小雪的爸爸伸出援助之手，房子才没有被银行收去拍卖。

叶峰开始找新工作，但因为已经习惯了顶级写字楼的办公环境、独立办公空间、单纯简单的老外上司，所以不愿去小公司就职。而在经济不景气的大环境下，很多大公司都在裁员，于是叶峰整天无所事事，每日在网上投简历、打游戏，养家的重担就落到了张小雪肩膀上。每天下班，张小雪看见背对着自己专心致志打游戏的老公，气就不打一处来，吵架是经常的事。

（4）嫁给会说甜言蜜语的男人

这种男人很会讨你欢心，把你哄得团团转。哪怕是他做错事让你生气，他也会用那柔情蜜语把你哄得破涕为笑。你会在这种男人的欣赏和蜜语中陶醉，但同时，你也被他的语言所迷惑。在那些糖衣炮弹下，隐藏的也许是诸多的谎言。

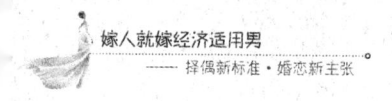

这种男人很危险，一不小心就会在外面竖起"彩旗"，在情感上与别人"分一杯羹"。总之，这种男人一般很少有对人真心、忠诚的。

（5）嫁给才子

才子有出人头地的，也有怀才不遇的。像徐志摩、郁达夫都属于前者，嫁给这种人也许生活会浪漫唯美，但往往结果都不甚美妙。怀才不遇的才子最好别嫁，嫁了也是陪他一起谴责上苍无眼，时运不济。这种人怨气太深，心态难免阴暗，和他在一起生活很难不让你患上抑郁。

（6）嫁给一板一眼的男人

虽然这样的男人对你忠心耿耿，毫无二心，但这种男人往往迟钝得可怕，他发现不了你换了一对新耳坠，也看不见你换了一周的新鞋，你问他涂粉色指甲油好还是蓝色指甲油好，他通常会一脸茫然。嫁给这种缺乏情趣的男人，只会让生活变得更加索然无味。

（7）嫁给律师或者是医生

这类人较有素质，思考办事都很严谨，他们通常都很忙，半夜要出诊，假期不见人，而且可能不浪漫，会让你有想冲出围城的冲动。

你也许会说，嫁给既有钱又有闲，既有情趣又忠贞不渝的男人，肯定会幸福，但现实是，世间根本没有这么完美的男人。那到底应该嫁给谁呢？有这么一个群体最近非常受女性追捧，那就是经济适用男！嫁给他，你幸福的婚姻生活就开始了。

6
优选性价比极高的经济适用男

"吃菜要吃白菜心,嫁人要嫁经适男。""经济适用男"这个词已经成为网络点击率颇高的词汇,更是在各大征婚征友版频频出现,几乎已经成为抢手货的商标。一部名叫《嫁给经济适用男》的话剧在京沪两地火爆公演,三天票房就超过30万。

那么何谓经济适用男?对于经济适用男,定义如下:身高一般、发型传统,相貌过目即忘;性格温和,工资无偿上缴给老婆;不吸烟、不喝酒、不关机、不赌钱、无红颜知己;月薪3000～10000元,有支付住房首付的能力;一般从事教育、IT、机械制造、技术类行业的男人。

经济适用男的性价比极高,如若不信,可见以下从各个方面对"经济适用男"的精准分析:

物质上:

虽然"经济适用型男人"的经济实力比不上"奢侈品"男人,但比起普通的职业男性,"经济适用男"又占有绝对的优势。收入稳定,没有额外的花销(如抽烟、喝酒、赌博),关键是他们会把工资无偿上缴,这一点就足以让女人们欣慰的了。他们诸多日常开销基本由就职公司解决,可以说是一台节能低耗高产出的印钞机。

感情上:

对于感情,女人们可以百分百放心,"经济适用型"男人对老婆可谓是忠心耿耿,绝无二心。他们的生活模式就是公司、家,两点一线的生活决定了他们没有机会去结识红颜知己,更重要的是,这一类型的男人不会花言巧语。所以即便有异性朋友，关系也建立在打个招呼就没什么话可说的基础上。

能力品质：

其能力和品质绝对过硬，大多是单位里的骨干或中层管理者，管理着一个小团队。他们思维缜密、处事果断、忠诚果敢、责任心强，这些恰恰都是其职业要求，也是他们必备的品质。

生活情趣：

虽然大多数人都觉得"经济适用型"男人死脑筋没情趣，但这种理解是片面的。不善于表达并不代表没有，由于他们多从事技术性产业和IT行业，接触网络的机会较多，博闻广识不是问题，接受新事物能力强，而且会制造浪漫。只要善于发现并积极引导，你就会发现宝藏。

赵茵茵最开始的打算是找个外企人员，但随着金融风暴的来袭，当人们的买房目标从"宽敞气派型"转为"经济适用型"，赵茵茵的想法也逐渐回归传统实用，她把目光盯到了"经济适用男"身上。

后来赵茵茵找到了一个在医院做后勤的老公，每个月工资不会超过4000，个子不高，一米七左右，身材有些偏胖，相貌则属于放在人堆里认不出来的那种。不过这个男人不抽烟、不喝酒、不赌钱，晚上偶尔不回来吃饭，一般不是加班就是同学聚会，超过9点不回家，铁定给赵茵茵打电话，汇报自己在哪里、和谁在一起、什么时候回来。

一开始的时候，赵茵茵还会埋怨老公不会赚钱，买不起大房子买不起车。但随着岁月的流逝，她越来越体会到这样一个老公带给自己的体贴和安心。当年那些嫁得不错的女性好朋友的婚姻纷纷亮起了红灯，赵茵茵更是觉得自己的老公是多么的经济适用。

如今，她挂在嘴边上的一句话就是"比我老公顾家的没有我老公有钱，比我老公有钱的但没有我老公顾家"。

在网络上，女白领将"经济适用男"的形象代言人选为"沙和尚"。"沙和尚"走红的原因是"他们是好儿子、好员工,最具潜质好老公、好父亲。"

李余霞用自己的实际经验证明,嫁了"经济适用型"老公温暖无比。

她说:"4年前,我和另外两个好姐妹一起去深圳,各自选择了不同的路,过着三种不同的生活。其中一个很漂亮,嫁了个有钱人,一开始我们都很羡慕她,她自己也觉得十分幸福。没想到,后来丈夫在外面有女人,她只能独守空房,恨不得一把火把房子烧了!另一个温柔贤惠,追求者不少,但一直想找个完美的'金龟婿',结果至今未嫁。我后来嫁给了一个电子设计师,他属于正宗的'经济适用型'老公。老公责任感很强,在外干什么都会打电话、发短信告诉我。出差回来给我和儿子买大包小包的东西,晚上再累也会哄孩子,还乐呵呵地给孩子冲牛奶、换尿布。"

总之,"经济适用型"老公是性价比极高的"优质产品",虽不及"金龟婿"那般气派响亮,但他们对老婆、孩子和家庭充满了责任感,令人放心。

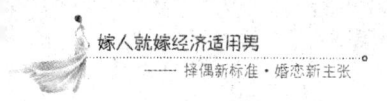

7
经济适用男是一支潜力股

"经济适用男"这个词,是把一个房地产的概念套用在了人的身上,不过这个叫法还真的算贴切。其实"经济适用男"真的跟经济适用房差不多,经济、实惠,还有一点很重要,这样的男人稳扎稳打,往往在中年事业有成,还有一笔不小的存款,成为典型的潜力股。

周聪慧刚从学校毕业不久,就和高言博相遇了。高言博对周聪慧一见钟情,之后展开追求。当这件事被周聪慧的家人知道后,父母极力反对女儿和高言博交往,因为当时的高言博是个名副其实的"三无人员",一无钞票,二无房子,三无背景。

但纯情的周聪慧经不住高言博的猛烈攻势,没多久就乖乖缴械投降。当时母亲还恨铁不成钢地教训周聪慧说道:"以你的条件,在咱们这县里找个科局级干部家的孩子不成问题,跟了这个小子,以后有你苦头吃的!"

但深陷爱河的周聪慧已经打定主意,而且她觉得高言博是个有能力的人,坚持认为总有一天他会出人头地。无奈之下,父母只好答应他俩结婚。

事实证明,周聪慧果然慧眼识珠。几年后高言博厚积薄发,当年亲戚们都不看好的穷小子,居然成为了一支表现上佳的"潜力股",随着年龄和阅历的增长,渐渐脱颖而出,光彩照人起来。没多久,高言博就带着周聪慧走出了老家的小县城,来到了大省城。凭着自己的能力,高言博找到了一份不错的工作。

高言博是个"赚得多花得少"的优质高效"赚钱机",吃饭,单位有工作餐,穿衣,单位每年给报销5000元的服装费,旅游有旅游费,健身有健身费,除了房子要自己供,其余几乎都是单位大包干。

感情上,身处陌生的城市,两人之间多了一份相濡以沫的执著淡定。高言博每天下班,不管多累,都会在饭后帮周聪慧洗碗,出差在外,再忙也会记得打电话向周聪慧汇报情况,在同事朋友圈子里,他是有名的"二十四孝老公",不管别人怎么取笑,他只一笑置之。

几年下来,在工作上,高言博的勤奋敬业赢得了上级领导的肯定,在单位中树立了良好的口碑,还升职了,薪水也是芝麻开花节节高。小两口不仅买了房,还有了车。共同的打拼让他们更加珍惜现在美好的生活,感情也日趋深厚。

"经济适用男"长相普通,但性格温和。工资中等,但收入稳定。在工作中总是兢兢业业,努力勤奋,这样的性格使得他们有成为一支潜力股最重要的条件。感情上,他们有更多时间陪伴妻子,并能耐心陪妻子一起逛街、看电视。能带给妻子亲切自在的生活,没有多少压力,悠闲而轻松。并且尊重妻子的人生志向及爱好追求,不会牵绊你飞得更高更远。

在"百合网""世纪佳缘婚恋"等网站的帖子上,"经济适用男"已经成为许多网友征婚中的要求。在一项"你愿意嫁给经济适用男吗"的论坛民意调查中,有6成以上的被调查女性表示希望自己的另一半"经济又适用"。而在"你认为自己是经济适用男吗"的调查中,更是大批男性争着标榜自己就是顾家、爱老婆、努力工作的"经济适用男"。

如今,"经济适用男"势头正火,广大的80后待嫁女们,千万别错过身边的"经济适用男",这样的男人会是你一生最牢固的依靠。

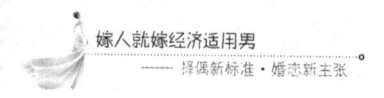

8 盛产"经济适用男"的星座

你是不是还在苦苦的挑来捡去，但总是挑不出对的人？眼前的他是你想要的型号吗？你的伴侣是时下流行的"经济适用男"吗？你是不是也想找一个对人体贴温柔，全心全意为家庭的"经济适用型"老公呢？现在就让我们来盘点一下12星座里哪几个星座最盛产"经济适用型"老公吧！

双鱼男

双鱼男是十二个座中最复杂、最模糊不清、最浪漫的男人，也是最有潜力成为男性中品德高尚的楷模。

其典型代表就是《奋斗》中的向南——向南是个性情中人，从不隐瞒自己对人对事的态度。大学毕业后身在外企，一次次跳槽，薪水也越跳越高。向南是典型的"经济适用男"，他有点儿家底儿，一路顺畅，虽然并不大富大贵，却也生活小资，这一切给了他自由的发展空间。

但独生子女的向南难免有些任性，所以在面对同样任性甚至更加任性的杨晓芸时，他会感到疲惫，感到压力。在他还没有成长为男人时，在他还没有力量扛起责任时，他一度选择了瑶瑶。然而在他真正成长起来之后，他还是选择了责任，作为一个男人的责任！

巨蟹男

巨蟹座的男人最顾家，一旦和巨蟹座男人结婚，你的生活会充满精彩。巨蟹男善解人意、珍惜爱情、懂得包容，一般不会为了芝麻绿豆的小事而争吵，能为自己的家人遮风挡雨，是个绝对靠谱的男人。没结婚前，可能给人的感觉不太成熟、敏感，一旦嫁给他你会成为最幸福的女人。因为一旦他确认了感情，他就会为这段感情倾尽所有，无论贫富坎坷，生老病死，也不会轻易放弃，所以你们绝对是在平淡中过的最精彩的一对。

其典型代表就是《王贵与安娜》中的王贵——王贵虽是大学老师，但却是地地道道的农民出身。他从心底里爱安娜，对家庭更是没得说。王贵是个值得期待的"经济适用男"，后劲很大！

金牛男

金牛男是十二星座中最稳定、最可靠、最持久的男人之一。金牛座的男人不光踏实可靠，而且懂得理财。这类星座的男人喜欢踏踏实实过日子，具备经济适用男的特性。一旦跟金牛男结婚，你就会被他的朴实而吸引。他可能不会制造太多浪漫，但他绝对会在平淡的生活中偶尔给你制造惊喜。他体贴、善解人意，会在你劳累的时候帮你捏捏肩、捶捶背，绝对是一个懂得心疼女人的男人。

其典型代表就是《野蛮女友》中车太铉扮演的Kyun-woo——他善良、任打任骂。要知道，现在众多女人选择"经济适用男"的原因其实很大一部分就是淡化了金钱的概念，相对独立的优秀女人们希望一辈子活得像个女王，脾气秉性都优良的男人当然才是最佳人选。

狮子男

狮子男是十二个星座中最有权力欲望、最霸道、最雄性、最易于引人注目的"百兽之王"。其典型代表就是《血色浪漫》中的张海洋——他强势、霸道，绝对是个纯爷们儿！

张海洋是属于脑子特聪明，同时也知道自己的聪明应该放在什么地方的人。喜欢过那种"老婆孩子热炕头"生活的人，思维缜密，考虑事情很理性。这种男人简直就是"经济适用男"中的极品，有经济基础，懂生活，疼老婆，真是没什么可挑剔的了！

摩羯男

摩羯座的男人思维缜密、处事果断、忠诚果敢、责任心强，他们大多是单位骨干，或者管理者，此星座最盛产"经济适用男"。

摩羯座男人在工作上兢兢业业，不分昼夜，这类男人最容易得到别人的尊

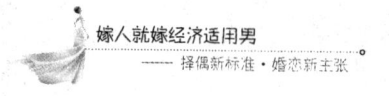

敬。除了事业，摩羯男还追求稳固的婚姻与健全的家庭。

摩羯男是一个懂得珍惜的男人，他知道什么是他该要的，什么是他该拒绝的。即使有美色当前，摩羯男还是会权衡下利弊，可能立马在脑海里浮现出今晚买啥菜回家让老婆做饭，家里的马桶该修了等等，这样一个男人，能不是经济适用男吗？

天蝎座

天蝎座男人可能平时总是给人一副神神秘秘的样子，拒人于千里之外。一旦他觉得你够资格当他的老婆或者女朋友，你会发现他其实是一个好男人，除了工作、上班之外，其实他没有太多的娱乐。

天蝎座的男人细心、体贴、顾家、对朋友义气，甚至会为因为心疼老婆自己动手洗衣服、做饭，等有了孩子后，他更会宠爱自己的孩子，这样一个细水长流的男人，没有外人看到的大男子主义，是绝对可以跟他慢慢变老的最佳人选。

Chapter 2

"经济男"不是最优秀的，但一定是最合适的

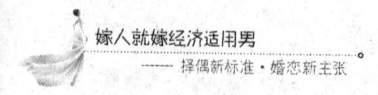

1
沦为"剩女"，因为眼光太高

她们相貌身材姣好，月薪3000元以上，出入各种高级酒会、酒吧、会所、健身中心，经济独立，身穿各种名牌时装，最低学历大学本科，追求者无数，不排斥爱情，但迟迟不结婚……这就是"剩女"的画像。

传统观念中，都是条件不好的人才会被婚嫁所剩，而现在"剩女"们有条件、有能力、有追求，甚至成为了另一种时尚。沦为"剩女"，其中最大的原因莫过于眼光过于挑剔。

李冰绮漂亮、知性、月收入5000，有房有车，是让人羡慕的白领一族。但是，跳过了28岁的她，依然是单身一族。

其实刚工作那会儿，围绕在李冰绮身边的"精英男"也不少，那时的她一门心思想要钓个"金龟婿"。眼光挑剔的她对于身边的男人总是有诸多不满意的地方。一晃几年过去了，眼看李冰绮身边有着各种"缺点"的"精英男"一个个都成了别人的丈夫。心里也开始暗暗着急，但是越是这样，她就越是不肯迁就，她相信有一天她梦中的白马王子终将会来到她的身边，只是那一天，不知道还要等多久。

"剩女"是标准的完美主义者，既要彼此深爱，又要对方地位、金钱都不差。"剩女"们拒绝在婚姻上妥协，她们追求完美的婚姻，她们对自己苛刻，对另一半要求更高。论相貌、论智慧、论收入，她们不输于任何人，也许正是因为她们的优秀，所以在比她们条件差的女人们都乐呵呵地跨进了婚姻的殿堂时，就她们这么剩着。

其实，晚婚是现代社会出现的一个普遍现象，许多条件优越的女性，在选择婚姻的时候过分挑剔，造成大龄未婚的局面。晚婚不要紧，但如果你肯适当把标准降低一点，或许你的爱就在不远的前方，而且你会发现，其实那些并不完美的男人，也可以给你足够多的幸福。

事实证明，如今已经有越来越多的女性在择偶方面开始变得理智成熟，"经济适用男"的走红就是例证。也许"经济适用男"们其貌不扬，钱挣得不够多，性格老实甚至有一点木讷，但是他们处处都能替女方着想，他们让婚姻真正充满爱和温情，这难道不是女人内心真正渴望和向往的吗？

2
与华丽的外表相比，你更需要一个温暖的怀抱

寻寻觅觅，只需要一个温暖的怀抱。这个怀抱时刻都为你敞开，在你最脆弱的时候给你依靠，在你最失落的时候给你安慰。对于女人来说，没有什么比一个温暖的怀抱更实在的东西了。相比之下，那些华丽的外表，是给不了你充实和安慰的感觉的。

龚灵子曾经十分迷恋一个学表演专业的男同学郝佳卫。郝佳卫是龚灵子的中学同学，不但人长得英俊，还聪明有才，在各方面都表现得极为优秀，是众多女孩追捧的对象。

机遇巧合使他俩走到了一起。一开始龚灵子还很庆幸自己找到了这么一个"十全十美"的男友，但渐渐地，龚灵子对他们的感情产生了不安。因为身为演员的郝佳卫常常需要到外地去拍戏，而龚灵子无法忍受家常便饭式的分离。而且随着郝佳卫的名气越来越大，作为普通白领的龚灵子也深感自己开始有很大的压力。她希望过那种平平淡淡朝夕相守的日子，希望早一天当上妈妈。

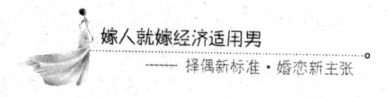

然而，这个愿望是个奢望。更多的时候，龚灵子不仅要一个人面对空房，生活中的压力也必须独自承担。有时候在外面受委屈了，连个倾诉的人都没有，只能望着郝佳卫的照片暗自落泪。累了的时候，没有安慰，更没有怀抱……

这时龚灵子才觉得，以前自己常在朋友面前炫耀自己老公是演员，长得帅气，是多么的可笑，如今的她，只想要一个实实在在的拥抱，一个能随时在身边关心自己的人，而不是一个摆设。

选择一个外表华丽的人做丈夫不一定会让你感到幸福，更多的时候，他除了能给你带来虚荣心的满足之外，给不了你体贴和温暖。选丈夫，要选一个值得信赖的肩膀，一个可以躺入的怀抱。只有这样的人，才能给你幸福和安全感，而很多经济适用男正是这样的男人。

大学的时候，一个胖妹子，爱上了她们班的一个帅哥，可帅哥并不喜欢她，随口戏言道："如果你能把体重减到95斤我就娶你。"胖妹开始减肥，由于长期节食导致营养不良，结果进了医院。住院后，那个帅哥看都没看她一下，这样的男人哪里值得爱，虽然胖妹伤心欲绝，但还是放弃了。

大学毕业后，在胖妹工作的单位，有一位其貌不扬的小伙子非常欣赏胖妹的开朗活泼，而且他从不觉得胖妹130斤的体重有什么问题，在他看来，只要健康就好。后来，他们喜结连理。婚后的胖妹常常感叹自己嫁对了人，因为她的丈夫从来不在家耍大男人脾气，还常常帮她分担家务。

其实一个人的外表并不重要，关键是看他有没有一颗爱你的心。真正的爱情不是光鲜的外表，而是温柔的内在。他长得帅，他很多金，他穿的是GUCCI，开的是兰博基尼，可他不能时常陪着你，在你最需要他的时候不能出现，在你哭泣的时候连个拥抱都给不了你，那前面的那些又有什么用？那些虚无缥缈的外在，不过是空中楼阁，终究会倒塌。

看着童话长大的80后，只有摒弃了对婚姻不切实际的幻想，才能更多地体会到婚姻带来的美好和甜蜜。

3
中派男人才是真正的极品

有这么一个小故事：一个女人在等车，一辆公车过来了，"这车怎么这么多人，太挤了，等下一个吧。"又一辆公车过来了，"这车有点破，晃晃荡荡的，不太安全，不坐这辆！"又一辆公车过来了，"这辆车的发动机声音快赶上飞机了，再等等吧。"又一辆公车过来了，"咦，这车不错，而且没有人。"刚要上车，司机说："小姐，对不起，本车已经下班，现在我要赶着回家。"

温柔多情，善解人意，宽厚从容，感情专一，当然经济基础要雄厚，如果还能英俊潇洒那就更好了，这些应该就是女人心目中"极品男人"的标准了吧？但当你拿着这个标准去寻找，一定没有结果，因为这样的"极品"几乎没有，即便有，也已经名草有主了。如果要想去选男人，还是嫁个经济且适用的"中派男人"吧！

归纳起来，"中派男人"有以下诸多特点：

有钱但不能太有钱。

选男人一定不能选穷光蛋，没车没房暂且不说，如果他连养自己都困难，"抠门"指数比一般人多出百倍千倍，上街买菜得摸着钱袋思谋半天，嫁给这样的人，日子能好过吗？不累死也会被气死！

嫁给有点经济实力的男人不仅生活没有压力，在外人看来也很风光，最重要的是，至少不用担心没钱买有品质的护肤品，不用担心自己因保养不善而过早衰老。

但如果老公太有钱，又会有隐患，"男人有钱就变坏"也不是没有道理。嫁给这种男人，一生时时刻刻都要提心吊胆，分分秒秒都有"下岗"危机！

所以，好男人应该是这样的：既要衣食无忧，又不能富得流油。

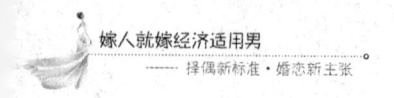

有事业心不是工作狂。

男人应该具备事业心、上进心,这样家人的生活才能得到有力的保障。有事业心的男人一心一意拴在事业中,没有多余的心思花在朝三暮四上。

然而如果他事业心过了头,就成了工作狂,这样他用在家庭和你身上的心思就会很少。陪你逛街是不大可能的了,陪你看电影他说很累。更关键的是他当甩手掌柜,家里一摊子事全塞给你,叫你操持。

和太有事业心的男人相处,最大的伤害是精神方面。虽然他事业取得了成功,你也跟着风光,但那是别人看到的,别人看不到的是漫漫时光里你的寂寞。而那些事业心不是过重的男人,则懂得对你体贴入微,宠爱有加。

另外"有事业心"的男人大多因为过度劳累,身体既处于综合素质发展的巅峰状态,也面临最不稳定最脆弱的状态。心脑血管等疾病正在一旁虎视眈眈,稍有机会就乘虚而入。

好脾气但不能太好。

找到一个好脾气的人是自己的福气,他不会对你大吼大叫,也不会对什么事情深怀不满大加斥责。但好脾气不代表没脾气,没脾气就成"懦弱"了。在单位里也是任劳任怨,需要跑腿的事同事们找他,没人愿出的苦差派他去,可别人都比他混得有出息,可他却不恼不急。

太没脾气,缺乏进取心,没有了斗志,也许能让你过上平淡安稳的日子,但你也肯定受不了他毫无男子气概的表现,让人觉得跟他在一起实在是窝囊,老好人一个,吃亏的总是自己。所以,好脾气的定义是懂得对自己忍让,但在外面,该有脾气的时候还是得有脾气。

帅但不能太帅。

太帅的男人安全系数不高,女人不得不提心吊胆地提防,但这样也容易造成你不信任他的局面,导致两人矛盾不断。其次,女人自然会对帅男疼惜有加,百依百顺,最后没了主见,成了傀儡,失去了很多本属女人的东西,很多事也就做不成了。

当然,长得太对不起观众的也不太合适,一起出门总是有几分难堪。所以帅得适度是最好的,带出去有面子,但又不会担心被众多美眉觊觎。

本分但不能太本分。

本分的男人只做自己应该做的事,而不是做自己想做的事,和这样的男人在一起你可以放120个心。虽然女人确实希望每件事都按程序走,生活安定而且舒适,但女人还是喜欢那种懂得为生活偶尔增添情趣的男人。太本分的男人,只会让原本就平淡的生活更加枯燥无味。

但太本分的男人大多有太多清规戒律,你若爱得深了,他会使你哀怨;你若爱得浅了,两人倒可以将就在一处,只是,这样的爱情不是生涩就是了无生趣。

浪漫但不能太浪漫。

浪漫虽不能当饭吃,但也不失为一种锦上添花的生活方式。懂得浪漫也可以被视为一种能力,和浪漫的人在一起,你的甜蜜指数会加倍。但浪漫终究不能填饱肚子,诗意有加而粮草不足,风雅而穷酸,中爱不中嫁。

太多情、太浪漫的男人会把全部心思、精力甚至时间都投入到他所需要营造的浪漫中去,其他的也许想得就少了。而且你是否想过,也许这样的人并非是因为你才浪漫,而是他喜欢自己营造的浪漫感觉,会带给自己一种成就感。另外人不是天生就会浪漫,太浪漫的男人,说明其情场经验丰富,这样的男人更适合做朋友。

小资但不能太小资。

小资男人的日常生活非常模式化、带有刻意为之的色彩。他们紧跟时尚,家中最新大片的DVD,经常"泡咖",去小厅看欧片和美国大片。时常流连于酒吧、咖啡厅和星级饭店之间。和过分"小资"的男人在一起,特别容易感到"相爱容易相处难"的挫折,还有得不到爱的沮丧,女人还是少招惹他们为妙,以免爱得徒劳。其实小资没什么不好,但偶尔为之尚可,若真把日子过成那样,就累了。

说了这么多,足以发现一个"中派"好男人的内涵是何等丰富了吧!其实"中派男人"最大的优点是心理健康,被狂贬和狂捧的可能性较小,其性格扭

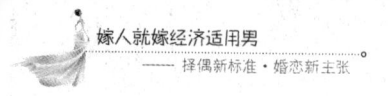

曲指数在所有男人中最低。

实在找不到完美的男人，就退而求其次吧。只要有爱，只要两心相加，穿过岁月的风风雨雨之后，你就会明白：爱，不是演电影，有滋味地爱过来，真谛也就在其中了。其实，"中派男人"才是真正的极品，有谁能像他们那样凡事都恰到好处呢？单身的你，还等什么？

清楚自己要什么，home还是house

home，是一个充满爱意的地方。也许它并不大，但它任何时候都会敞开大门张开双臂欢迎你，那里面永远有人愿意和自己分享快乐，分担忧愁。家，是我们每天下班后都想急匆匆赶回去的地方，是有爱人和孩子在等你的地方，想到有香喷喷的饭菜佳肴，心头刹那间会有一股暖流涌上来，这就是home的感觉。

而house是没有生命的，它只不过是一间房子，里面也许有富丽堂皇的家具，但却没有爱，只有冰冷的孤独。作为女人，你必须清楚自己需要的是什么，是一个有人疼有人爱的家，还是一个看上去很美的水晶冰窖？

鄢文轩是一个典型的拜金女，她的择偶标准只有一条，就是那个人一定要有钱，而且舍得为自己花钱。在一番精心的策划后，她成功地钓到了期望已久的金龟婿。半年后，他们闪电结婚。

就像鄢文轩想象的一样，他们的新房是一栋豪华的别墅，她过上了阔太太的生活。刚开始，鄢文轩对购物、美容、做Spa、和朋友去旅游充满了新鲜感。但一年后，她忽然觉得心里空荡荡的，没有丝毫归属感。从外面回到家的那一刻是最痛苦的，因为孤独、冷清会一下子包裹全身，浸入她的每一寸肌肤。

这个金龟婿在他们的家族企业上班，时常要出差，一年呆在家里的时间还不到一个月。虽然对鄢文轩不错，时常打电话回来，还让她随便刷信用卡，但鄢文轩再也找不回以前单纯的快乐了。她想念自己的父母，想回到他们身边，想重温家的感觉。

当一间房子没有人气的时候，不能称之为家，只有当它有了你的另一半，或是你的父母、孩子时，才能叫做家。一个女人如果选择了一个长年累月不能回家的人作为丈夫，那是不会有家的感觉的，因为家的感觉应该是，在你哭的时候，他总会奉上最坚实的肩膀让你依靠，而且这种依靠是及时的。

费伊扬对于结婚没有过多的要求，没有昂贵的婚纱、盛大的婚宴，没有去各地旅游，也没有女孩子都喜欢的钻戒，甚至连新房也只是两间不太宽敞的平房。但是这样的日子却让她觉得幸福。可以每天起来给老公煮早餐，晚上看着老公熟睡，一起看电视，开心一起大笑，伤心的时候总有他陪在自己身边，这些就足够了。

但她的老公却不这样认为，他向往追求自我更高的价值，于是他选择了更为激烈的行业，工作更为繁忙的行业。几年后，他们搬进了宽敞的新家。可是老公可以陪伴费伊扬的时间少了，费伊扬独守空房的日子多了。她开始怀念以前那段艰辛的日子的甜蜜，他们不必加班，不必把工作带回家，他们有更多的时间把更多的爱注入那个小家。

如今，事业是老公的全部，而对于费伊扬来说，爱情和家却是她的全部。两个人就这样分开了，因为整日面对空荡荡的房间，让费伊扬感到恐怖，会觉得心都被掏空了一样。费伊扬理智的选择了离开，因为这样的大房子不是自己需要的，她要去寻找一个真正的家。

幸福女人的背后都会有一个美满的家，而孤单女人的背后也许有一所好房子，却没有一个温暖的家。家，是每个女人幸福的起点站。

女人必须清楚自己到底是为了什么而结婚，是为了和丈夫一起营造一个其乐融融的天地，还是为了一套冷冰冰的钢筋混凝土的房子？

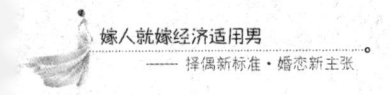

5
他也许不是最优秀的，但却是最合适的

懂得婚姻真谛的人不是找那些最优秀的异性作为自己的终身伴侣，而是寻找那些"最适合我的"结为夫妻。因为最优秀的那个不一定适合你，只有适合你的人才能与你共度一生，给你最多的幸福感。

关玉颜有一个在外人看来十分羡慕的婚姻，并非是她的老公有多么的优秀，而是因为她有一个懂得欣赏自己，全心全意爱自己的老公。

其实在结婚之前，这个男人并不是关玉颜的梦中情人，但是这个男人的温情打动了关玉颜。关玉颜是个喜欢浪漫的人，最受不了的就是婚姻在岁月的流逝中逐渐平淡，但他的老公似乎永远有着初恋时的激情，他们的爱情生活并没有因为岁月而变质。

丈夫总是给关玉颜甜蜜的叮嘱：天冷多穿衣服，多吃点，胖了更讨人喜欢，多喝水，早休息……无微不至，就像父亲一般宠爱她。然而当他有苦有累的时候，都自己一个人默默扛着。尽管丈夫工作非常忙，但仍然会时不时的为关玉颜按摩脚，说这样对身体好。在丈夫的呵护下，关玉颜感受到的是一天天越来越深沉的爱。

有一次，她过生日，丈夫在头一天夜里，一个人悄悄地爬起来在客厅里给几十个大气球充上了气，并在每一个气球上写了一句祝福的话语。第二天一早，当关玉颜走进客厅时，被眼前的景象惊呆了："你是魔术大师啊？"丈夫紧紧地抱着关玉颜，关玉颜被幸福簇拥着……

虽然丈夫并不是自己心中白马王子的形象，但关玉颜却庆幸自己找到了这样一个人做丈夫，有了他，关玉颜体会到了从未有过的幸福。

假如你是一个一心想成就事业的人，为了事业的成功可以牺牲时间、精力，如果你的另一半也和你一样，抱着为了成功可以不惜一切的想法，那么你们就会像一对优秀的合作伙伴，可以每晚都一起"密谋"；如果你是一个生来淡泊人生的人，只想有一本好书、三两个知己，那你就要选择一个和你持同样人生哲学、可以欣赏你的人共度一生，这样你们才会有幸福。

许多在交往过程中"落选"的男女，不是因为他们有什么不好，大多数是因为他们在某一方面的"不合适"。相对于恋爱的浪漫，婚姻要现实很多，而且是需要在后半生都生活在一个屋檐下同甘苦共患难，因此只有生活在最适合自己的爱人身边，你才会感到找到了归宿一般安宁，你才会得到自我价值被肯定的成就感。

在一个冬日，严晓薇觉得身体不舒服。到医院作B超检查，发现得了宫颈癌，医生说必须做切除手术。严晓薇一听就愣了，无所适从，她的丈夫卫东也很紧张。

夫妻俩为这事，好几天彻夜难眠，提心吊胆，手术疼吗，会不会留下永久的伤口，会不会影响内分泌……严晓薇害怕，卫东像是自己得病一样忧郁。

一开始卫东不相信妻子会得这种病，为了确诊，带着严晓薇跑了几家医院，四处咨询求医，寻找最佳医治方案。之后又安慰严晓薇说："有我在你身边，别怕，这种病多着呢，都好了！"

严晓薇住进了医院，心情紧张的不得了，在卫东的再三劝慰下才逐渐平静下来，看见同病房的有进有出，情绪也就轻松多了。手术那天，卫东推着担架送严晓薇进手术室，握着严晓薇的手边走边说："放心，医生高明，仪器设备现代化了，手术一定会成功的。"

严晓薇忐忑不安的心平静了下来了，卫东可没有平静，在手术室门口，像热锅上的蚂蚁一般，来回走动，直到几个小时之后医生出来说了一句"手术还算成功"，才像孩子般兴奋地喊："严严，没事了，这下好了！"于是护送严晓薇回病房，把嘴伸到严晓薇耳边轻声细语地问："怕吗？疼不疼？"

严晓薇的眼眶湿润了，一粒晶莹的泪珠滚落下来，问："把你急坏了吧？"卫东说："我为你祈祷呢，求祖宗菩萨来保佑你。"严晓薇望着丈夫，心中满是幸福。想当初，自己还为卫东是个穷教书的而抱怨过，后来才知道，选择了这样一个对自己百般呵护的男人，是最好的归宿。

两个人恋爱，不是看对方有多有钱，不是看对方多有能力，也不是看对方是不是属于社会的精英阶层，而是要看这个人能不能给自己带来幸福的感觉。也许你喜欢他的浪漫，也许你喜欢他的体贴，也许你们有共同的喜好，所以只有适合自己的才是最好的。

不选最优秀的，只选最适合自己的。只有生活在最适合自己的爱人身边，你才会感到找到了归宿一般安宁，你才会得到自我价值被肯定的成就感。

6
鲜花偏爱"牛奋男"

曾几何时,人们用"鲜花插在牛粪上"来形容两人的不配,但时下,许多女性自愿插在"牛奋"上。要知道,"牛奋"比清水更能滋养花朵!当然,此"牛奋"非彼"牛粪"。

一项调查显示,77.9%的女性认为男人成功的首要标准是"顾家,拥有一个和睦的家庭",71.2%的女性认为男人要"给家人足够的保护",这两项所占比例远高于"有社会地位,受人尊敬"。

到底什么是"牛奋男"?"牛奋男"是这样一群人:他们踏实肯干,人品第一,经济条件第二,是像牛一样忠诚、也像牛一样能为家耕耘的男人。他们在勤勤恳恳创业的同时希望对方能陪自己为将来打拼,共同为生活努力。由于不用承担人品的风险,"牛奋男"受到越来越多女性的热烈追捧。

朱少丹身材高挑、长着一副可爱的娃娃脸,是一家外贸公司的靓丽白领。最开始的时候,她梦想过优雅的品位生活,于是抓住诱人的"钻石男",当有房有车的全职太太,就成为她所追求的目标。但当一次次苦苦追寻,换来的却是一个个"负心男"时,朱少丹看清了她未来的另一半一定要"人品第一,经济第二"。

后来,朱少丹遇到了性格内向的马元亮,他是一名程序设计师,属于那种传统本分类型的男人,马元亮没有谈过恋爱,为人真诚,对人实在。没多久,朱少丹就和他恋爱了。

在朱少丹看来,马元亮是一只"没有经过爆炒、市盈率低、风险小、安全边际高"的"潜力股"。她还发现马元亮很有上进心,尽管工作繁忙,他也会

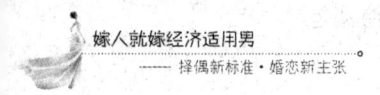

挤出时间去参加各类培训班,另外他还在一家软件公司做兼职,说是要为将来买房积累原始资金。看着像牛一样的他在为他们将来的家奋斗,朱少丹决定把自己的一生交付给这个男人。

越来越多的女性喊出了"鲜花就该插在牛奋上"的口号,"钻石男"是稀缺动物,而且追捧的人趋之若鹜,即使能够追到'钻石男',还要承担品质不纯正的风险。在这种情况下,看似平庸却积极上进的'牛奋男'就成了抢手货。

电视连续剧《奋斗》中的华子,就是个不折不扣的"牛奋男"。华子虽然在创业的道路上走得艰辛,但他勤勤恳恳的生活态度却赢得了诸多人的好感。从头到尾华子都是靠自己,从一开始的小发廊,到一个时冷时热的蛋糕店,再到台球厅,最后开了一个火得发紫的泰国餐厅,虽不能说功成名就,富得流油,也算小有成就,不枉奋斗一场。

"牛奋男"是很有潜力的,而且比起"钻石男",他们能给女性带来更多的安全感。"钻石男"基本属于奢侈品,可以接触到的机会不多,而且质量良莠不齐,高风险下未必获得高回报。相反,"牛奋男"性价比更高,后期基本上都能事业有成,很重要的一点是,"牛奋男"对待爱情更专一。这种类型的男人大都踏实肯干,对待家庭和爱情忠贞。比起钻石男,有更多的时间陪在老婆身边。

82年出生的汪莲莲,在一家不错的外企市场部上班,每月工资差不多有7000。一次联谊派对上,汪莲莲遇到了同是80后的郭青。郭青是一位网络工程师,性格比较内向,属于传统本分的那种类型。经过交谈,汪莲莲觉得郭青为人真诚,有上进心,于是主动向他索要联系方式,希望能成为良好的交往开端。

后来,两人果然走到了一起,不久后开始谈婚论嫁。由于郭青努力的工作,使得他的工资一涨再涨。几年后,两人就在北京四五环间买了套130平米的房子,后来又一人一辆轿车,每天开车上班,周末时不时叫上一堆朋友一起开车出去玩儿。

看着存款数不断增加，汪莲莲知道当初自己没有看错人。买的几支股票现在也基本都反弹了，赚了不少。如今两人工作不累，挣钱不少，感觉很幸福、很惬意。

网友风信子说："我会首选'牛奋男'，毕竟人品应该是第一位的。两个人一起奋斗，一定会有一个美好的未来。"网友桃桃说："钻石男就像天上的星星，太不合实际，大部分的人还是比较平庸的，碰不到钻石男的话，选取安心又可靠的'牛奋男'最好。"

如今"牛奋男"已经成了网络流行词，他们拥有上进心，对家庭、感情十分执著，值得终身拥有。

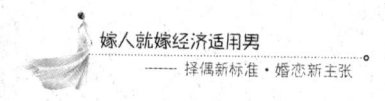

7

嫁人就嫁"灰太狼"

  国产动画片《喜羊羊与灰太狼》火爆一时,其中的反面角色灰太狼成了大红大紫的人物,网上因此还掀起了"嫁人就嫁灰太狼"的口号。

  剧中,"灰太狼"是个典型的"妻管严",它的老婆"红太狼"是个坏脾气的厉害角色,每次当灰太狼被羊群欺负,灰头土脸地出现在家里,老婆非但不安慰,还会恨铁不成钢地用平底锅对其施以刑罚。即便如此,灰太狼也从不生气,一边逃一边还心疼地对着老婆说:"老婆,老婆,你千万不要生气,生气会对皮肤不好的!"

  电影版《喜羊羊与灰太狼之牛气冲天》是有史以来最卖座的一部国产动画片。让人意外的是,这部原本定位于青少年的影片,却由白领撑起庞大的票房。许多白领成为"灰太狼"的头号粉丝,而且调查显示,近八成的人希望找一个像灰太狼一样的人做老公。

  当然,这样的追捧并不是毫无理由的,灰太狼虽然扮演的是反面角色,但它却具有优秀的品质:出得厅堂,入得厨房,聪明、能干,毅力顽强,甘愿吃苦受累,还对家庭忠心耿耿,爱老婆胜过爱自己,想尽办法讨老婆欢心。这简直就是丈夫中的模范。

  "灰太狼就是典型的上海男人,红太郎就是典型的上海女人。"在北京一家传媒公司工作的一位白领表示,自己最喜欢的就是灰太狼和红太狼这对"活宝"。

  "其实灰太狼很聪明,会发明许多新奇的玩意,只是每次运气都不好而已。不过它对老婆的好绝对是一流的,什么事情都想着老婆,即使红太狼每次都拿平底锅狠狠地打他,他也从不还手,也不变心。我曾被它在日记中的一句所感动:'或许大家觉得我被老婆打,被老婆骂很可怜吧。可是,我觉得她是世界上最好的老婆!'"

在他们公司,几乎整间办公室的女同胞们都是灰太狼的忠实粉丝。大家不仅团购玩具版的灰太狼,而且为了获得肯德基套餐里附送的《喜羊羊与灰太狼》的玩具,还搞了一次团购肯德基套餐,"我们那次拿到的都是灰太狼,正合我们心意。"

一个动画片里的反面角色,竟然出人意料地成为09年好老公的新标杆。但女同胞们知道,灰太狼身上的"好"是大家喜欢他的最大理由。经过总结,灰太狼身上有10条让女性喜欢的优点,如果你准备嫁的男人具备这10条,那么别犹豫赶紧嫁吧,这样的男人可不好找啊!

第一条,灰太狼爱老婆胜过爱自己。其实每次抓到羊,灰太狼完全可以自己先吃掉,可是他一次都没有这样做,总是把小羊们送到老婆大人面前,怎么做来吃全听老婆的。

第二条,灰太狼为老婆花钱从不心疼。当红太狼说,想用十只羊换件虎皮大衣时,灰太狼连眼睛都不眨一下就答应了。暂且不论抓羊的辛苦,十只羊是笔不小的财富啊,灰太狼都肯全拿来为老婆换大衣。找有钱的男人没用,关键是要找一个舍得为你花钱的!

第三条,灰太狼会讨老婆欢心。老婆不高兴了,灰太狼会想尽办法哄她开心。和这样的人生活在一起还不用担心家庭暴力的发生,因为他是打不还手、骂不还口的那种类型。

第四条,灰太狼聪明能干有毅力。灰太狼总能想到抓羊的好点子,虽然总是失败,但每次灰太狼都会大喊一句:我一定会回来的!足以见得人家多有毅力。好男人贵在品质,嫁给这样聪明能干又有毅力,即便失败,也一定能翻身!

第五条,灰太狼对老婆衷心不二。即便有小白狐的勾引,最后灰太狼还是选择了老婆。在当今小三泛滥的年代,灰太狼这种精神太值得学习和表扬了。

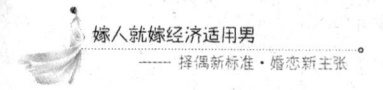

第六条，灰太狼热爱劳动。虽然抓羊的重担都是灰太狼扛着，但他仍然坚持做家务，洗衣服、收拾房间，什么活都不用老婆插手，嫁给这样的男人，女人们就不用担心很快变黄脸婆了。这一条不可小视，两口子过日子讲究的就是细节，找一个勤劳的老公，自己能省很多心。

第七条，灰太狼动手能力强，发明创造是它的强项，这要是在生活中啊，准是一动手能力强的男人。家里的保险丝断了，他修；马桶堵了，他通；水管漏了，他补；椅子腿折了，他钉。这种男人省心又省钱，多好。

第八条，灰太狼从不藏私房钱。灰太狼抓到的羊一只不藏全留给老婆，这种精神可嘉，不藏私房钱的男人就是好男人！

第九条，灰太狼会做饭。没有羊的时候，灰太狼怕饿着老婆，亲自下厨为老婆大人做饭。毫无怨言。

第十条，灰太狼从不和老婆讨论对错，即便老婆错了也是对的。嫁个这样的老公不用担心自己做错事，丝毫不用担心会发生家庭纠纷，舒心！

8
彼此学历上不悬殊是幸福的前提

有人说，只要是真爱，那么距离就不是问题，身高也没有关系，更别说学历的差距了。话是这么讲，可一旦真的生活在一起，诸多问题就会显露。比如在沟通上，在经济上，都会产生矛盾，这些矛盾有来自对方的，有来自家人的。无论是你比他学历高，还是他比你学历高，你们之间的相处都不会太轻松。

邹紫冉的男朋友是研究生毕业，两人在一家外企相识。男友一直以为邹紫冉是大学毕业，刚认识时就问邹紫冉说，刚大学毕业就来公司了，学的是什么专业……邹紫冉碍于颜面就勉强答应说是的，学的旅游管理。其实邹紫冉仅仅是中专毕业，一直到和他交往后都不敢告诉他。

邹紫冉很爱男友，为了能和男友缩短距离，邹紫冉准备自考大专，考完以后还打算学英文、日文，让他们之间不因为学历而拉开差距。

但只要一想到自己在学历上没有做到和他坦诚相待，邹紫冉心中就觉得有些良心不安。男友很爱学习，经常对邹紫冉说人活着就要学到老，一定要学习，不能浪费人生，书读的多了自然就会赚多钱，还让邹紫冉多学学东西。每当这时候，邹紫冉就感觉压力倍增，这样的恋爱让她觉得无比累。

也许真爱能够消除一切隔膜，但有些问题是你不得不承受的。2009年4月，一则河南女硕士远嫁浙江农民的消息引起了很多人的关注。这位女硕士研究生名叫马艳霞，和浙江农民童利祥通过聊QQ相识，童利祥只有高中学历，毕业后和父母一起种田。

马艳霞对童利祥的评价是:"他好学、肯干,买了很多实用技术的书,摸索着学会了种桃、种橘、种西瓜,现在他已种了130亩桃子40亩柑橘,还养了2000多只土鸡。"

对于很多人的不解,马艳霞回应道:"其实,不管在城市在农村,我们都可以凭自己的本事,凭自己的努力,实现自己的梦想。现在最关键的是,一个真心爱我、关心我,愿意和我一起为美好生活共同奋斗的人却不是哪里都能找得到的。"

也许马艳霞自认为很幸福,但嫁给农民,她不得不面对灰头土脸,满脸风霜,肤色黝黑,皱纹早生。当同学们嫁给精英男过上小资的生活,她却领着个土里土气,和同学们没共同语言的男人去参加聚会,那时的她难道不会有什么感想?

不是所有女孩都接受得了这样的生活,都有勇气去承担各方异样的眼神,有毅力坚定地和对方走下去。为了减少这种额外的心理负担,还尽量选择和自己学历相差不太大的男人。

周洪月只有中专毕业,在乡镇卫生院当护士,她的男朋友在千里之外的名牌大学读医学研究生,两人都彼此相爱。

周洪月本以为男友会和自己一直走下去,但让她没想到的是,读研一年后,男友就跟自己提出了分手。男友很坦诚地跟周洪月说了自己的想法:"我知道你很爱我,我也很爱你。但你知道,我们两家的家庭条件都很一般,爸爸妈妈将来都要靠我们。我想在沿海发展,以后房子等一系列的问题都会很棘手。我想找一个能和我一起奋斗的人,晚痛不如早痛,将来分手,对你更不公平。即便你来这边,也肯定找不到合适的工作。为了我们各自的将来,我们还是分手吧!"

周洪月听完这些话,明白了男友想要表达的意思,其实一直以来,这也是周洪月所担心的,就是因为抱着一线希望,所以苦苦坚守这份不协调的爱情。因为她发现有时候她根本接不上男友的话,男友谈论的那些话题自己丝毫不了解。没想到最终结果真的以分手告终。

爱情究竟和学历是什么关系，是否学历相差太远，就不会有爱情？其实爱情本身和学历的关系不大，很多学历悬殊的情侣都有着自己的幸福生活。但关键在于双方对学历的态度可能会产生问题。

一个即将进入名校研究生院的女孩有一个男朋友，学历相当低，不过却是个不错的男孩。虽然男孩对女孩很好，女孩也很喜欢这个男孩，但女孩却觉得和他相处很累。男孩是个很敏感的人，与他相处必须小心翼翼。女孩和他仅仅开始了两个月，有时就会觉得不合拍。

恋爱有太多因素的影响，不是单单一个学历就能决定得了的。如果双方会因为学历的问题而在相处中刻意回避，或者是一方为了弥补这种差距而拼命恶补，都会在这份爱情中跑得气喘吁吁。既然这样，何不去寻找可以让你感到平衡的人去相处呢？

最好还是选在学历上和自己没有太大差距的人作为伴侣，但也并不完全否定学历相差甚远就得不到美满的生活。其实生活的幸福与否，关键还是看两个人如何经营。

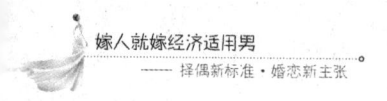

5

他钱不多不重要，
重要的是他愿意为你花钱

金钱与爱情虽然不能混为一谈。但却多多少少有着千丝万缕的联系。有句话说的好："看一个人够不够爱你，不要看他为你付出了多少钱，而要看他为你付出了所有资产的百分之几。"

找男人不一定要找一个有钱的，但是一定要找一个愿意为你花钱的。如果他有一百万愿意给你花十万那算不上爱你。如果他有十块，却愿意分给你八块，甚至都给你，那才是真的对你好。所以，宁嫁肯拿出全部钱为你的"经济男"，也不找对你一毛不拔的"王老五"。

恋爱中的女孩总是浪漫的，再加上宁兰又是个多愁善感的人，经常会被电影里的镜头感动的涟水涟涟。

汶川地震那天，她看到这样一个报道：一个被压在废墟下的母亲割破自己的血管，用鲜血喂养自己的孩子。几天之后，当人们从废墟下找到这对母子的时候，母亲已经血尽而亡，孩子却健健康康的活了下来。看完之后，宁兰哭了。

吴翔回来看到流泪的妻子，把她拥进自己的怀里，问她出了什么事。宁兰泪眼婆娑的问吴翔：如果那天我们穷的只剩下了一碗米粥，你会把里边的米都让我吃吗？吴翔摸着她的头说："当然会！"宁兰说："那你不是爱我的，爱一个人的话，你是会把米粥里边的米连同水都给我喝的。"吴翔说："那如果我们连一碗米粥都没有了呢？一个好男人会怎么做呢？"

人生总有不如意的时候，某一天，他们真的遇上了穷困潦倒的日子。早上起床后，吴翔悄悄地给宁兰留个纸条：亲爱的，我已经吃过了，桌上有碗米粥，你把它喝完吧。临近中午的时候，吴翔从外面回来了，给宁兰带了她喜欢吃的烤白薯、水果和牛奶。他告诉她，自己找到了一份临时工作，老板答应先预支他一部分工资。"亲爱的你慢慢吃！我已经在外面吃过了。"说完还做了个调皮的鬼脸。吴翔依旧每天早出晚归的辛苦地干着他的临时工，由于疲累，他脸色不太好看，但他总把好吃的东西让给宁兰吃，宁兰却在他的照顾下过的很幸福。终于有一天，吴翔找到了一份稳定的工作，日子一天天好转起来。

这天早上，像往常一样，吴翔又出去工作了。宁兰在收拾屋子的时候发现了一个献血证，上面是吴翔的名字。他竟然在一个月之内连续献了三次血，而她却一点都没有察觉。他看了一眼上面的日期，正是那段他们最艰苦的日子。

她的眼泪象断了线的珠子一样落了下来，她终于明白了为什么那段时间的吴翔看起来那么苍白。也明白了他所谓的临时工和预付工资的含义。她再一次想起了汶川地震中的那位伟大的母亲，吴翔与她一样给了自己能给的全部。

宁兰是幸福的，吴翔的爱博大精深，他不是个腰缠万贯的老板，但是却给了宁兰自己所有的东西。他能做出这样的行为，除了爱，别无解释。

女人在乎的是男人那份心，而不是他有多少钱。所以说，女人不一定要嫁个有钱的人，但一定要嫁个肯为你花钱的人。这不仅仅是为了不受苦和获得物质上的满足，更重要的是为了证明他是真的爱你。

千万不能嫁个舍不得为你花钱的男人，以免成天跟钱争宠。他永远都把钱比你重要，当你辛辛苦苦为他怀了孩子，对他说："老公，我想吃西瓜。"的时候，他却说："还是过几天再吃吧，西瓜这几天三块多一斤呢。"你的心里会是什么样的滋味呢？人们常说："钱乃身外之物，当你连这些身外之物都比不上的时候，还谈什么他爱你。对于一个女人而言，这无疑是莫大的悲哀。

一个肯为你花钱的老公，是绝不会成为金钱的奴隶的。不论什么时候，他都会想着给你买喜欢的东西，来讨你欢心。无论到了什么境地，他都舍得把最好的东西给你。让你不管富有还是贫穷，都能感受到他发自内心的疼爱和关怀，感到温暖和幸福。

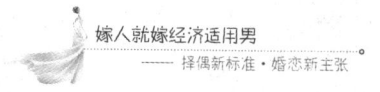

至于那些不但不肯为女人花钱,还一心想着要花女人钱的男人,当然就更坚决不能嫁了。这样的男人,要么就是天生的小白脸,要么就是没有能力的弱者。他连为了自己的生活都懒得去奋斗,你还希望他会为了爱你去努力?简直就是天方夜谭。

Chapter 3
他最大的优势是给女人安全感

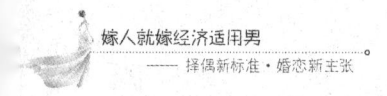

1

他不是"钻石男"，
但至少能让你衣食无忧

婚姻是要以一定物质基础为前提的，很长时间以来，多数女人在金钱面前表现的都像一只馋嘴的猫，荣幸牵手身价不菲的钻石王老五，却发现空荡荡的房子里豪华装扮的都是寂寞，哪里有快乐的影子？

还有一少部分女人，只顾贪恋那份爱，而完全置所谓的什么物质基础而不顾，毫不张扬却心满意足地出嫁了，婚后却被贫穷的生活拨弄得面目全非，曾经的圣洁爱情女神变成了苍老的怨妇……

终于，女人开始回归理性，物质是不可少的，柴米油盐都需要世俗的保障，毕竟谁也不能靠喝西北风过日子。但是，钱不能没有，也不必太多，钱多的男人要么是工作狂，没情趣，要么是身边蜂飞蝶舞，怎能只宠爱一个人。于是，女人的眼睛终于盯上了一种男人——"经济适用男"，首先他们符合第一个条件，虽然给不了女人锦衣玉食的生活，但却能让女人衣食无忧，这是铸造幸福的堡垒。

萧翎与大海恋爱时，她的父母、好友、同事都表示过反对。萧翎条件不错，在一家合资企业上班，而大海所在的企业却十分不景气，处于朝不保夕的状态。但大海的疼爱和爱情的憧憬让她相信，只要两个人一条心，一切都会好起来的。于是，义无反顾的嫁了过去。

婚后的最初几年，他们的生活还凑合，除了日常必要的开销外，还有钱作为朋友之间的娱乐费用。两个人恩恩爱爱，和和美美。可是，孩子的出生，把生活秩序一下子搞乱了。由于前几年几乎没存到什么钱，尿布湿、奶粉，都贵得令他们难以招架。眼见着电视里天天广告片在放什么DHA、ARA……慢慢的，萧翎开始觉得生活越来越难了。

一次孩子生病，光住院押金就交了两千。面对孩子蜡黄的小脸，她的心像被抽空了似的。她开始体会到"贫贱夫妻百事哀"的含义。于是，委屈和不满让她变得暴躁起来，她和他开始吵架。冷静下来的时候，她想起了大海说过的话：我们还年轻，总会守得云开见月明的。可是，这一天要等多久呢？

年轻的时候难免有天真的幻想，希望凭借爱情的力量可以与爱的人一起携手共赴前程，可结婚之后往往会发现事情远不如自己的想象。婚后随着孩子的出生、成长，双方父母日渐衰老、需要赡养等问题的不断出现后，用钱的地方也就显得越来越多了，生活不再变得那么潇洒和简单，在重重压力的作用之下，爱情慢慢褪去它的魔力和光环，被因为没钱而带来的一系列琐碎问题所代替。

嫁给没钱的男人会很苦，嫁给太有钱的男人又整天提心吊胆，所以既能给你舒适的物质保障，又让你绝对放心的"经济适用型"男人，已经成了爱情经济学中的"抢手货"。

"不求对方月薪上万，一个月挣5000元就行了！"说这话的杨敏25岁，月薪三千左右，她找对象的标准就是"不用很有钱，但一定要有钱"。

杨敏说："首先，经济条件好，可以买车、买房，可以不为日常生活开销担忧。如果对方达到了这一点，其他方面的标准可以降低一点；如果对我非常好，肯为我花钱，那么就算他外貌差点儿，我也不会在乎！"杨敏表示不在意别人看不起自己的想法，她说："我只是坦率而已。哪个女孩不想找个经济条件好男人，减少自己的生活压力呢？"

某著名品牌汽车公司的总经理助理黄小姐说："以前一直想找个外企的精英，但现在经济形势这么不景气，外企经理说裁就被裁了。现在就想找个工作稳定的对象，钱不在多，够用就行，更重要的是知道心疼人。"

经济适用男，拥有稳定的事业和稳定的经济基础，虽无大起，也不会大落，属于稳中求胜的"绩优股"类型。《我的青春谁做主》里的高齐，就是这

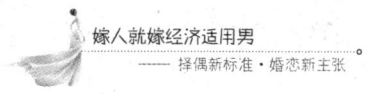

类男人的典型代表。

物质是婚姻的保障，也是爱情的前提。有物质的爱情才更显完善、更易长久。所以，找一个有经济基础的男人为伴，才能给女人带来充足的安全感。也许没有"钻石男"那般阔绰，但也足以让你用得上中上等化妆品，买得起优质的品牌服饰了。

2 相貌平平更让人放心

男人太帅除了养眼、带出去有面子之外，坏处真的不少：第一，容易被人惦记，拈花惹草的几率大大上升，没有安全感；第二，这类男人大都有自恋倾向，关注自己远远胜过关注你。况且帅也不能当饭吃，那种既帅又有才华的男人又为数不多。那么，与其虚荣的守着"帅哥"，日夜提心吊胆，不如寻个相貌平平的男人，过踏实的日子。

饶阳茜的男朋友长得很帅，经常有女生主动投怀送抱。虽然男友对饶阳茜说只爱她一个，但总是有别的女生发来的暧昧短信，还是让饶阳茜疑虑重重。

偶然的一次，饶阳茜发现男友手机里很暧昧的信息，她生气的质问，他却满不在乎地说，是对方勾搭他的。后来，饶阳茜又发现男友和一个网友互成老公老婆，他们在网上结婚了。饶阳茜越来越难以忍受这样的日子，争吵日益增多，最后不欢而散。

找一个帅气的男朋友表面风光，但背后却有尝不尽的苦头。如果找一个相貌平平的"经济男"，就不会有这种苦恼了。相貌过目即忘——这是经济适用男的又一大特点。

潘依辰毕业后在一家电脑公司当一名工程预算员，这个部门是属于公司的副业，主业是电脑画图。好强的潘依辰一直想学电脑画图，但由于没人教，感觉自己无从下手。

几个月后，公司招了一个新人，是个电脑画图的高手。潘依辰一直都没机会见到这个人的正脸，只是偶尔见到他的背面，个子不高，身材看上去有些瘦小。

一次，那个男生正在画图，潘依辰就悄悄站在他背后，聚精会神地看他画图，顺便偷学几招。忽然，那个男生一回头，冲着潘依辰微笑着说："想拜师学艺吧？"

潘依辰着实被吓了一跳，不光是他突然的转身，还有他的长相，因为他的正面跟潘依辰对他的模糊印象实在是反差太大了。他的脸长得瘦长，一双小眼睛有点向上提，鼻子有些微塌，嘴又比较大，嘴唇还很厚，外加皮肤黝黑，当时潘依辰就想：长成这样，一定没有女朋友。

之后潘依辰马上平复下来，对他很有礼貌的一笑，态度和蔼地说道："是啊，我一直想学，就是没人教。"没想到那个男生还是个热心肠，一下就答应教潘依辰说可以教她。潘依辰喜出望外，尽管对方不是帅哥。

在往后的日子里他一点都没有食言，很认真很细心地教潘依辰。虽然潘依辰学得很慢，但他还是很有耐性的教她。每天下班后还专门留下来教潘依辰，还自己出一些题给潘依辰练习。渐渐，潘依辰被他的温柔和耐心所打动，也被他平和善良的性格吸引了，觉得他不但人品很好而且很有才能，看他也越看越顺眼。

之后，两人就恋爱了。两年后，他们步入婚姻殿堂。潘依辰就这样一直被他的温柔与体贴包围着。潘依辰是他的初恋，有时潘依辰会很得意地想：还好他长得不帅，要不别的女人肯定早下手，也轮不到我了。

嫁个不太帅又懂得体贴人的老公，真的如同捡到宝一样，他的好，只有你一个人知道。找一个相貌平平的男人做老公，你们的婚姻就等于多了一道爱情防火墙。你不用担心你的他遭到其他女性的骚扰，而且不靠外貌取胜的男人往

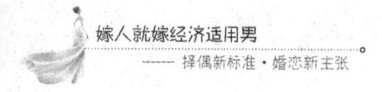

往更有魅力，因为这样的人往往是"实力派"。而在生活中，容貌平平的男人似乎更容易成功，因为知道自己没有容貌优势，自然或者本能地从其他方面去完善自我，反而是丢了芝麻捡了西瓜。

如果你的老公相貌平平，那么恭喜你了，你可以少操许多心，安心地享受他给你的宠爱和幸福。

像"优乐美"一样把你捧在手心里

还记得优乐美奶茶的广告语吗？"我是你的什么？""你是我的优乐美啊！""原来我是奶茶啊？""这样我就可以把你捧在手心里了啊！"能被男人捧在手心里爱着，无论是被当成奶茶、咖啡还是其他什么东西，都是让女人觉得甜蜜而又幸福的事情。

一个男人看到了报纸上的一则广告，广告内容是这样的：世界很多明星养颜驻容的秘方都是每年到瑞士去打一针羊胎素。现在，某药业公司为满足广大女性对于美丽的向往和追求，将明星注射的羊胎素制成了口服精华素在各大超市销售。

于是，男人就把这条消息读给了女人，女人听完立即说："那价格一定贵的惊人。"

男人说："没关系，报上说该药品公司为了贫民考虑已经将成本价格降到了最低，每盒68元，一共七支。每天不到10块钱，我给你买一个疗程的，你吃吃看。"

女人说："现在我有化妆品，就不用再花这个钱了吧。"

男人说："要的，要的。这个钱我这个月少抽几包烟就省出来了，女人漂漂亮亮是最重要的，漂亮了，你才会心情更好嘛。"

这时候女人早已满眼笑意，那种满足的神情仿佛已经吃下了羊胎素。

如果说羊胎素真的是可以永葆青春的东西，那么，男人"放在手心里的呵护"对女人来讲无疑就是一剂最有效的"羊胎素"。而经济适用男，由于清楚自己无论是在经济上还是外貌上都属于普通一族，就不会产生高高在上的优越感，从而会把你当成手心里的宝，用心保护你、珍惜你。

"捧在手心"不是特指男人对于你某一时、某一事的态度，而是通过生活中点点滴滴的细节表现出来的，比如：他会记得你提起的那些朋友的名字；他会在你说话时耐心地倾听；他会在你伤心的时候主动地递上纸巾并在一旁细心的安慰你；他会在你生病的时候紧张、担心，在你床前问长问短；你在外受了欺负他会很心疼，满口都是关心体贴的话；你要是在做家务，他不会跷着腿看电视，会主动帮助甚者舍不得让你动手……这些都在无声地宣告着他对你的爱，是他把你捧在手心的表现。可以很肯定的告诉自己：他是个不可多得的好男人。

人们常把女人比作娇艳欲滴的花朵，是花朵就自然需要雨露的浇灌。能被男人捧在手心里娇惯着的女人自然会越发的千娇百媚。有很多女人都会私低下跟自己的好朋友说，"其实我就是想让他哄哄我"，或者"我就想他能当着别人的面对我亲热点"。这都是女人渴望被娇惯、被男人捧在手心里的表现。

女人如同猫一样，天生需要男人宠她，这和年龄没关系，和什么男权女权之类的社会附加也没什么关系，完全是由女人的性别属性所决定的，男人施宠，女人受宠，如同猫爱吃腥，狗要吃肉，纯属不同动物的不同天性。

"经济适用男"是典型的体贴型男人，他们懂得，女人需要自己爱的"娇惯"。他们会把自己心爱的女人时刻"捧在手心里"，把对女人的宠爱进行到底。也因为这样，女人的温柔、妩媚、性感才在男人的百宠千娇之下得以淋漓尽致的展现。

所以，纵观那些"经济适用男"的家庭，他们的婚姻总是甜甜蜜蜜的，这和他们把老婆同宝贝一样捧在手心里，宠在心头上是密不可分的。

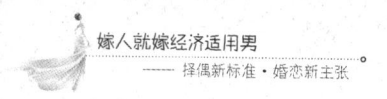

4
他总是能抽出更多的时间陪你

许多男人总是念叨自己工作忙、没时间,以此推脱老婆提出的各种出游建议,仿佛一年365天他就没有休息的时间似的。而经济适用男一般都是8小时工作制,外面的应酬次数并不多,除了工作,他们有更多的时间呆在家里。不要觉得这样的男人没出息,试问哪个女人不需要人陪?!

其实,女人的幸福有时候很简单,简单到只不过想和男人晚饭后挽着手散散步,聊一些家常的话。如果一个男人总是忙,以致回家的次数寥寥无几,女人夜夜伴着孤灯,成了一个等待的符号,干巴巴的毫无生气,日子也就慢慢荒芜了,凄凉了。经济适用男,也许不会说多少花言巧语讨好你,不能送你轿车作为生日礼物,但是他总是有时间陪你看夕阳,赏落花,这难道不是最重要的吗?

著名主持人朱军在一次访谈里这样说道:"很多人问我'你这么忙一定没有时间照顾家吧?'恰恰错了,完全错了。如果一个男人告诉你他忙得连家都顾不了,其实是因为他没把这个家放在他心里很重要的位置上。所以我觉得责任对于一个男人很重要,虽然有些时候会让你觉得累,因为你可能要随时随地去关注别人,要感觉他心里的那种感受。"

"记得我爱人怀孕的时候,我说别的事都可以不干,但是她去医院检查我一定要求自己做到自始至终陪她,绝不能让她自己去。我做到了,从第一次她去医院,一直到孩子生出来,没有一次是她自己去的,因为那个时候可能是女人最脆弱也是最需要人关心的一段时间。我瞧不起的男人是那种连自己家人的责任都承担不起来的,还口口声声说要承担对社会的责任,不可能,肯定胡说八道。我经常跟朋友们说，千万别跟不孝敬父母的人交朋友。父母是他最亲的人，他都可以动不动地跟他父母矫情，或者给他父母不好的脸色看，那你想想他对朋友会怎么样？"

女人是一种天生善感的动物，很容易就会变得脆弱、忧郁，她需要有男人时常的陪伴。从女人的心里来讲，是希望男人任何时候都陪在她身旁的，哪怕是一起散个步，一起吃个饭。

寂寞无聊的时候，女人需要男人陪她一起聊聊天，逛逛街，看个电影，吃顿便饭。哪怕只是待在一起不说话，男人只是用手摸一摸她的头发，或者是玩游戏的时候安静地坐在男人的身边，也会让女人觉得心满意足。男人的陪伴会让女人无边无际的空虚一点点变得充实起来。

女人情绪低落，比如被人误解、或者工作不顺心时，就更需要男人陪着她一起面对问题、解决问题了，他的陪伴会让女人觉得安心、踏实，然后从新振作起来。在这个时候，男人的陪伴无疑是帮助女人化解阴郁的最有效药品。

秦晴是个任性的女子，在与老公3年的婚姻生活中，她总是显得很霸道。秦晴的老公从事的是护油工作，一年365天都十分忙碌。虽然老公尽量抽时间来陪她，但秦晴还是不满足。

一次下大雪，老公急匆匆地下班回家，告诉秦晴自己马上还得去工作，不在家吃饭了，边说还边打着手机神秘地往外走远了。秦晴起了疑心：这么大冷天的还会有任务？肯定是和朋友出去吃喝玩乐。

都快晚上11点看，老公还没回来，于是秦晴心急地一遍遍猛打老公的手机，本来还想关心一下说下雪天冷，早点回家，谁知一连打了好几个电话老公都不接，最后竟然还关机了。秦晴越想越生气，后来还委屈地哭起来，因为第二天就是自己的生日，秦晴想他一定是忘了。还在心里不停埋怨老公，就知道工作，一点不在乎自己。

直到凌晨四点多，老公才拖着一身的疲惫回来。秦晴直愣愣地看着老公，可他一言不发，倒头便睡。中午，秦晴一个人坐在饭厅吃饭，眼角还挂着泪

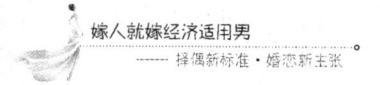

珠。此时老公已经醒了，悄悄走到秦晴身后，拿出一条项链，对着秦晴的耳边轻声说道："亲爱的，生日快乐。"

秦晴觉得太意外了，她以为老公忘记自己生日了。"昨天上级通知临时有任务，所以凌晨才回来，礼物我早就买好了，你不会怪我这句'生日快乐'说得太晚了吧？"秦晴虽然心中很开心，但还是故意刁难道："今天你不忙？""今天我请了一天假，好好陪你过生日，下午我给你做好吃的！"看着老公还略带疲惫的面容，秦晴的眼泪又忍不住了。

在一些重要的日子里，女人更是希望男人可以陪在左右。因为再丰盛的宴席，再喧哗的场景，如果失去了心爱男人的陪伴，都会显得黯然失色、有所欠缺，都难有个好心情。"经济适用男"会抽出哪怕只是一点点的时间，来在特别的日子你陪伴你身边。

女人是需要男人陪的，她需要的是常在左右的依靠，而绝非只是停在半空中的承诺。"经济适用男"不会以"忙"作为理由，即便再忙，重要的时候他也会挤出时间来陪你。如果一个男人一忙起来就把你完全抛在了脑后，留给你的只是一味的等待和想念，那这样的男人还不如不找。

5 热心对待你的朋友们

爱情不可能成为一个人生命的全部,对于一个成功的女人来讲,友情的滋润也是很重要的。也许你在未嫁时还有三五闺蜜,可以一起逛街、聊聊心事。但是如果你嫁了一个总是对你的好朋友们板着脸孔或者爱搭不理的男人,那么还有那个朋友愿意常去你家坐坐?当你日后遇到困惑或受了委屈的时候,也就少了这些"娘家人"为你出谋划策了。

"经济适用男"会热心对待你的朋友们,因为他爱你,所以希望自己也得到你朋友的认可。下面让我们来看一下"经济适用男"在对待你朋友的问题上会怎么做。

(1)追求你的时候,以各种方式讨好你的闺蜜。

他从心底喜欢你,苦苦追求,想得到你的垂青,可是久久找不到有效的途径,于是想到了从你身边寻找突破口。他开始以各种方式讨好你的好朋友们,希望他们发现你的优点,以便在你面前多美言几句。这不是他的手段,而是爱你的真实体现。

在这个过程里,不但可以得到你的很多信息,比如:你什么时候过生日,喜欢吃什么东西……而且也让你的好朋友们了解了他,便于日后与你的交际圈打成一片。不至于让你因为有了他的存在而影响了与好朋友们的来往。

(2)你过生日的时候,邀请你的好朋友一起为你庆祝生日,并热情的招待他们。

生日是一个女人重要的节日,这一天不仅是一个女人成熟和阅历的见证日,也是联系人际关系的良好时机。

一年之中，大家能凑在一起狂欢的次数本来就不多，特别是工作以后的女人，像这样能有理由与朋友们聚会的机会更是少之又少。没有找到男朋友之前，女孩子的生日一般都是跟好朋友们一起过的，大家或者吃饭、或者唱K。感情也就随着这样一次次的小聚而增进了不少。但是，当一个女孩有了男朋友之后，情况可能就大为转变了。很多男人可能会懂得定个烛光晚餐，却未必懂得邀请你的朋友陪你共度。

而"经适男"会考虑到这一点，会找来你的三五闺蜜，给你一个惊喜。他们之所以会这么做，除了想要给你热闹气氛，让你快乐之外，主要的用意还在于不让你和闺蜜们断了联系，让你在他出差或者有事不在你身边的时候有个好的去处。爱你的他总是能为你想到诸如此类的各种事情。

（3）热心帮助你的朋友

当你的好朋友遇到困难、麻烦事的时候，他总是站出来热心帮忙，并尽量竭尽全力。哪怕这次搬家累得气喘吁吁，下次你再有朋友搬家的时候，他依旧会去。他并不是任劳任怨的黄牛，也不是爱管闲事的"马大姐"，他所做的这一切，都是因为爱你。他会热心地帮助你的朋友，是希望你的朋友也能热心真诚的对待你。

另外的原因就是他想在你的朋友面前为你撑足面子，让你做个让身边人都羡慕的女人。当听到你的朋友称赞地说"你老公真能干""你老公人真好时"，你内心的自豪和喜悦是不言而喻的。

（4）当他的安排和你朋友的邀请出现冲突时，主动让步。

他早已计划了很久要这周末跟你一起去踏青，你的好朋友突然打电话来说要你去陪她聊天、散心，他会选择放下自己的计划，让你去陪你的朋友。

因为他不想让你在朋友面前不好开口，不想让朋友觉得你是个"重色亲友"的人，担心你的拒绝会影响了你和好朋友的关系。他觉得自己是你最亲的人，能理解你的一切，这周不行，可以下周再去。

（5）懂得与你的女性朋友保持距离。

热情并不代表亲近，"经适男"们绝对懂得这个分寸。他可能会对你的朋友们很热情,但一定会懂得保持一定的距离。他会为你的朋友端来饮品,但绝对不会跟她们勾肩搭背,以便避免不必要的误会。他既不想让你的女朋友们觉得他轻浮,更不想让你为之吃醋。

人们常说:不要把你漂亮的女朋友介绍给你的男朋友认识,以免赔了夫人又折兵。但是如果你嫁个实实在在的"经适男",就大可不必有此顾虑了。

6 他怀中的温度在不经意间感受到

有时候,"经济适用男"的爱是默默无声的,这样的爱不张扬,却能在无声无息间让你感受到温暖。

经家人介绍,汪瑾以相亲的方式结识了郭彦青,并在一年后结婚。婚后,汪瑾对郭彦青总是不太满意,尽管他个子很高,又是一位工程师,但她始终认为他不够温柔和体贴,像那种轰轰烈烈的爱,他一次都没有给过自己。

转眼几年过去了,平淡的日子总是让人莫名的烦躁,汪瑾经常冲郭彦青发火,没事找事,或者耍赖。每次郭彦青都不会发火,反而傻呵呵地笑,不呵护也不训斥她,任她百般任性,包容她的无理取闹。

汪瑾还是对郭彦青的不解风情和无动于衷感到不满,只不过,在郭彦青的包容下,汪瑾的任性慢慢消融。于是她不再强求郭彦青要像其他男人那样热烈地表现出自己的爱,她安下心来一心一意地料理生活。

许多年后,他们的儿女长大成人,准备考虑婚姻问题了。汪瑾语重心长地对女儿说:"婚姻中的两个人就像两粒石子,开始时有棱有角的石子自然免不了磕磕拌拌。时间一长,在互相碰撞下会逐渐变得圆滑。"

而郭彦青这样对儿子说道:"爱可以是轰轰烈烈的表达,也可以是默默无声的宽容和理解。在以后的生活中,不妨对你爱的人多些宽容和迁就。即便没

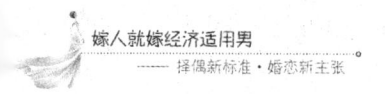

有轰轰烈烈的爱,你在退让中用爱将她包容,这样的爱才是最可贵的。"

汪瑾无意中听到丈夫的一番话,眼眶湿润了。她终于明白,有一种博大的爱叫理解和宽容,因为博大,她可以容纳无理和无事生非,可以承载人生的伤感和生活的风风雨雨而永不褪色。

这么多年来,她一直以为丈夫对自己的感情在变淡,不曾想过,那一次次对自己坏脾气的包容,不正是最好的爱自己的证明吗?

"经济适用男"大多不会甜言蜜语,他们只会用行动来传达他们对你的爱。也许当你以为他的爱在变淡的时候,其实他正在以一种恒温的方式,绵延不断地释放出胸中的温度,一点点地温暖着你。

女孩和他青梅竹马,两家住在同一个单元楼,从小就一起上学。真正恋爱的时间已经有六年了,按理说她应该顺理成章地成为他的妻子,但女孩心中一直有遗憾,她总觉得两人相处时间太长了,彼此之间也太熟悉了,女孩所渴望的浪漫与激情在他那儿都变成了平平淡淡的日子。在女孩的记忆中,他一直不曾对她温柔地表达过爱。

有一天,他郑重地对女孩说:"我们该结婚了。"女孩没有点头,也没有摇头,她找不出拒绝的理由,但觉得立即应允似乎又有些不甘心。女孩说要考虑一下,他没有表示任何异议,而是点点头,脸上是一如既往的淡然。

一天,两人在街上肩并肩走着。当他们走到一个拐角处时,街道忽然变窄,此时女孩轻巧地向前一跳,从他的右边跑到了他的左边。他忽然慌了,说了声"危险",便将女孩拉到自己的右边,一辆大卡车就在此时呼啸而过。

卡车将地上的泥水甩了他一身,他没有在意,却严厉地嗔怪女孩说道:"不是告诉过你,走路时要在我的右边,为什么不听?"一瞬间,一股暖流从女孩心中流过,她似乎已经找到了答应他求婚的理由。他对她一直呵护有加,即使走路时也会要求女孩走他右边的内侧,他用他的身体为她遮挡左边外侧的人流及一切。

他每一刻都在用心呵护着女孩,而女孩却忽略了那些最真最宝贵的东西,她觉得自己真的太傻。感觉终于告诉女孩，她可以为他守候一生。就在那一刻，女孩对男孩说："我们结婚吧！"

在爱的历程中，最真最美最让我们感念一生的往往是那些不经意的渗入我们生命中的细节，而无心的一举一动其实包含了许许多多心与心的共鸣以及爱与爱的默契。

也许"经济适用男"的爱没有那么轰轰烈烈，但却如涓涓细流，无时无刻不在滋润着他的另一半。用心，在不经意间，你才能感受到他怀中的温度。

不管他在哪里，你都能收到他的消息

有这样一种男人，无论何时何地，都会按时向你汇报他的行踪，在什么地方、在做什么事，无论有多忙，无论何谁在一起，都不会忘记给你发一条短信，或是打一个电话报平安。这种新时代的好男人哪里去找，非"经济适用男"莫属。

几个好姐妹聚在一起谈心，秋燕说她最讨厌老公出差，因为一出差就跟变了个人似的，短信不发，电话也很少打，从来不主动汇报自己每天都干些什么，总让人觉得不放心。

一旁的孙静则说："我老公不一样，他每次到外地出差都会带礼物给我，而且每天都会给我汇报一天的行程安排。基本上是早晨、中午、晚上各一次，还会提醒我注意天气，不要担心。"

"哇，好羡慕啊！"秋燕和几个姐妹异口同声地说道。"嫁给这样一个老公真是幸福！"

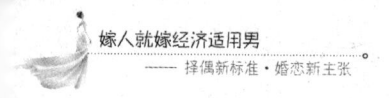

这就是"经济适用男"的好处，不用你操心，无论在不在你身边，你都120个放心。他们就像是身负责任感的雄鸟，时刻挂念着家里，不会因为忙碌和玩乐而忘记你。

刘俊辉出差一个月，每天都不会忘记向老婆汇报工作。今天开了个什么会，昨天几点睡的，甚至连中午吃了什么，都会一一如实汇报。他并不把这当做是一种工作或是负担，而是一种习惯。

刘俊辉在自己的博客中这么写道：

深夜，已经躺下两个小时了，在床上翻来覆去睡不着，黑暗包围着我，心里很难受，想着老婆，不知道她睡得安不安稳。

我知道，这几天老婆都很累，每天一天到晚的工作，下班了还要赶着去上课，很晚回到家才吃饭、洗澡，深夜才能睡。我心里记挂着老婆，没有在身边照顾她，觉得有些愧疚。给她发了一天的短信，知道她中午也吃不下饭，我好担心她会生病。

每天我都会给老婆发短信，今天去了哪儿，做了什么，看见老婆发过来的"好，知道了老公""好好工作""收到，不用担心"，我就会很高兴。人在外地，让老婆放心是最重要的，自己不在身边照顾她，能做到的就是不让她担心和挂念。

一个好男人懂得体恤老婆的感受，懂得如果不在老婆身边，没有自己的消息，老婆会不安，会烦躁，会胡思乱想，所以他们会时刻告诉老婆自己的行踪，让老婆放心。嫁给这样的男人，会少操很多心，少生很多气，人都会变年轻些。

王梓烨的老婆到上海出差，王梓烨就给她发短信："上海今天最低温度15℃，最高温度20℃，小雨转阴。出门记得带雨伞。"老婆回复："知道啦。"

过了不久，王梓烨又给老婆发一条信息："上海傍晚要降温8℃，记得添衣。"王梓烨心中满是得意，觉得自己的体贴一定能够得到老婆的赞赏。不过这次收到的是一条陌生号码的短信"请问你是？"，这时王梓烨才发现，自己发错了，于是回复解释。

陌生人回复："我还是要谢谢你，我刚好在上海，不知道要降温，还穿着裙子呢，我马上回去添衣。这条信息很管用！"

没想到自己偶然发错的短信还能帮助到别人，王梓烨不禁心头一热。第二天，王梓烨给老婆发天气预报短信的同时，顺便把信息转发给了那个女孩。

老婆的回复是："收到。"女孩的回复是："谢谢，你人真好！"王梓烨不禁沾沾自喜，继续殷勤地给两人发信息："午后有阵雨，小心感冒。"

第三天王梓烨继续给两人发道："早晚温差大，请适时增减衣物。""晚上有雷阵雨，打雷时别用手机。"

老婆一如既往地回复"知道。"女孩感动得不行，回信说："你老婆出差到哪里，你就把哪个城市的天气预报发给她吗？你这么体贴老婆，她一定很幸福。"

几天之后，老婆出差回来。王梓烨把顺便给女孩转发天气预报的事告诉老婆，老婆听后笑了，拿起王梓烨的手机给女孩回了一条信息："姑娘，你上当了，我老公并不是特意为经常出差的我收集各个城市的天气预报，他只是在气象局工作！"

不过，看了女孩前几日发的感激的短信，老婆忽然觉得自己漠视了丈夫对自己的爱，也许很少有人会每次都把天气状况发给自己老婆吧。老婆看看王梓烨，说道："谢谢你老公，每天不厌其烦的给我发天气预报。"说着还在王梓烨脸上亲了一口。

有时候，我们也许会忽视"经济适用男"的关怀，但也正是因为他们渗透到每一个角落的关心，才使得他们成为了新时代的绝好男人。他们不但会时刻汇报自己的情况，也会时刻惦记着你那边的情况。所以这种男人，真的是体贴到骨子里了。

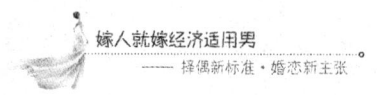

8
你可放心向他倾诉你内心的想法

　　生活的压抑难免给女人带来疲惫和烦躁，当女人有了这样的情绪时，是急需要找一个人来倾诉和发泄的。有时，当女人需要一些建议的时候，一个值得信赖的人就会在此时成为你巨大的精神支柱，给予你最有力的安慰和支持。

　　"经济适用男"就是很好的倾诉对象，面对他，你可以放心地诉说自己内心的想法，他不但不会没有耐心，而且还会认真倾听，并给你好的建议。你的不幸、苦楚、委屈和怨言都可以说给他听，因为他是你最亲近的人。

　　林晨静和她老公的婚姻幸福美满，结婚五年了，彼此间从没有大多数人所说的婚姻审美疲劳啊、厌倦啊、相对无言啊等等，相反，他们都是对方在这个世界上真正的知己，林晨静有任何的苦恼、难以做决定的事，都会倾诉给她老公听。

　　只要俩人在一起，就有说不完的话。人生、时事、婚姻、爱情等等，都是讨论的范围。对于老公独特的观点和想法，让林晨静敬佩不已。

　　林晨静在工作上遇到难题了，老公会想方设法帮助她解决，有时甚至会暂时放下自己的工作，去帮她想一个好的解决方案。林晨静在生活中有麻烦事了，老公也会认真倾听，然后想出最优的对策。当林晨静不开心了，心情低落了，老公会听她诉说心中的苦闷，并且还会安慰她、开导她，直到她阴霾的心情一扫而空。

　　老公是绝佳的倾听者，也是很好的交流者。有时，为了讨论一个彼此间都关心的问题，林晨静在厨房忙着，老公会跟在旁边发表观点。更有甚者，问题没讨论完，一个要上洗手间，就隔着门继续讨论。林晨静很庆幸自己有这么一个贴心、知心的老公。

人生得一知己足矣,当这知己就是你的丈夫,你对他就可以无话不说,无话不谈,可以随时随地的沟通、畅谈,这不得不说是一生的福气。

李莉性格活泼开朗,喜爱唱歌跳舞,中专学的是幼师专业,但是她毕业后父母却托人把她安排到了一个机关工作。

在李莉看来,机关的工作枯燥乏味,整天闷在办公室里,简直快把人憋疯了,她每天都迫不及待的要回家,可是回到家心情也不好,看见什么都烦。

一天,李莉把自己的苦恼说给男友听,足足两个小时,男友脸上没有显露出一丝不耐烦。听完后,男友问她最想做的是什么,李莉说还是想做幼师。这时男友说:"只有做自己喜爱的事才不会静不下心来,心情才会愉悦。所以我支持你选择自己热爱的道路。"

听完男友的话,李莉心中一片晴朗,她决定要自己决定人生路。后来,李莉在一个幼儿园找到了一份工作,她当了一名在父母看来很没出息的幼儿教师。但是她非常喜欢孩子,喜欢自己的工作,和孩子在一起,她活泼快乐的天性又显现了出来。她又恢复了往日的自信和快乐,她的父母终于也原谅了她。

男友说,你又恢复原来的自信、可爱和快乐了。而此时,李莉最感谢的就是男友,因为他的聆听、他的建议,才让她找回了自己。

心灵相通,才能相爱。他比任何人都关心你,在你苦恼时,他永远站在你这边,耐心倾听你倒苦水,他记得你提过的朋友名字……这些都无声地转达他真心爱你的信息。

他能开诚布公地与你沟通,他懂得倾听,知道什么时候该说话,什么时候该闭嘴。你不会惧怕对他表达,当你和他分享自己的感受与思想时,能感到安全。良好沟通的基本是信赖,在他眼前,你确信不会由于表达内心深处的想法而遭遇到讥笑或损害。这就叫安全感。

他懂得如何表达自己,并耐烦听你说话,假如你是对的,他能够承认过错，即使你不对，他也愿意谅解你。善于倾听的男人会给予你许多中肯的意见，他尊敬你作出的各种人生选择，激励你发展自己的特长。

Chapter 4

他心中的责任感比口袋里的钱多

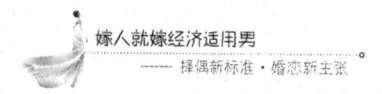

1
比他顾家的没他有钱，比他有钱的没他顾家

说道"经济适用男"的典型代表，非电视剧《我的青春我做主》中的高齐莫属。他的职业是医生，研究生毕业，作为大医院的医生，收入不低，刚工作就有辆奥迪车，房子差不多也备下了。虽然不如做CEO的高晋有钱，但好歹也算个中产阶级，总结起来就是聪明、体面、顾家，比他有钱的没他顾家，比他顾家的没他有钱。

高齐是当下最热门的"经济适用男"，人长得属于斯文型，脾气和善，为人儒雅，对自己所爱的人能默默付出，深情不悔，是现在少有的好男人。找到像高齐一样的人，那真是享福了。

梁大伟在一家企业做中层管理人员，还是单身的时候，从来没有下过厨房，甚至连煮饭需要放水都不知道。后来认识了自己喜欢的女孩子，女孩是一名护士，经常需要加班到很晚。梁大伟心疼女友，想做点好吃的给她送去。

于是梁大伟找来了学做饭的书籍，在厨房手忙脚乱，用了整整两个小时才煎好一个鸡蛋，结果还忘了放盐。本想煮个丝瓜汤，把瓜皮剥了，忙活了半天都没把丝瓜里边的瓤掏出来，只好临时改成了黄瓜汤。当他把饭送到女友面前并不好意思地叙述了自己的笨手笨脚时，女友笑着、笑着、笑出了眼泪，并毫不犹豫地决定嫁给他。

成为梁大伟的妻子后，女孩更为真切地感受到了嫁给一个"经济适用男"的幸福之处，不但事事为自己着想，还会试着去做曾经不会做的事情，比如做饭、洗衣。比起那些有钱人，这样的老公更贴心、更实用。

对"经济适用男"最好的评价就是：比他顾家的没他有钱，比他有钱的没他顾家，可谓是老公候选人的最佳人选。也许那些富家子弟能给你更为优越的生活，但却无法给你安心。家庭对于女人，最重要的不就是寻找一个安宁的港湾吗？

林乃红嫁给了一个很年轻的富家子弟，刚开始，他对她很好。跟他在一起，她得到了所有物质上的享受。每天不用上班，只是一个人出去购物、刷卡。每次去做美容的时候，那些店员都夸林乃红是个很幸福的女人，乃红自己也对生活颇为满足和得意。

但是情况却渐渐发生了变化，老公回家的时间越来越晚，有时甚至整夜整夜的不回家。林乃红跟他说过好几次，他总是说业务繁忙。后来，林乃红怀孕了，本以为这下老公的心该收一收了，可是情况并没有好转，他对自己仍然是一副冷面孔。

生完孩子，林乃红就把孩子扔给了老公的父母，自己则开始以出去玩乐作为对老公的报复。她经常去做SPA或者去酒吧喝酒，后来老公便对她多有不满。

一次乃红回家，老公大声的问她："是不是和别的男人约会去了？"他的眼神让乃红感到害怕，可是她没有说话，因为她根本就没有做过什么，所以就觉得没必要解释。谁知，丈夫却怒气冲冲的给了她一个耳光："我知道你根本就不爱我，你就是爱我的钱，日子好过了，就学会出去找野男人了。"

林乃红委屈极了，可又不知道该说什么。她有些后悔当初选了这个有钱的男人当老公，但后悔也没多大的用处，她已经嫁给他了。

这样做富太太的日子，谁受得了？太有钱的男人，往往给人不安全的感觉。女人，在物质和荣誉面前都是羸弱的，没有哪个女人不愿意过上好一点的生活，但是切不可以此作为一种目的。

太有钱的男人一般事业心都很重，他们的时间大部分都留给了事业，要忙这样的事情，赶那样的应酬，根本无暇顾及身边女人的感受。别说一起看场电影了，就是能一起吃顿晚饭都成了一种奢望。

也许你有福气能遇到那种既有钱又大度、专一，而且愿意把事业放下来陪伴你的男人。但如果你没有交这样的好运的把握，还是安安稳稳的选择一个"经济适用男"，安心过小日子比较踏实。

当然，劝你踏实的过日子，并不是让你一点物质的因素都不考虑。那样的话，感到不安全的就不仅仅是男人了，还有你自己。毕竟过日子是很现实的事情，有了上顿没下顿，日日要为了家庭的生计奔波，估计也不是一个女人乐意承受的生活。

所以，太穷的男人也是不能嫁的。一个男人财富的多少，往往关系到他的能力问题。如今社会，怀才不遇的少，眼高手低的多。到了一定年龄依然两袖空空，决非单单是运气不济。

即使你自己很有钱，不在乎男人会不会带给你经济基础，也不要冒然的找一个穷男人就把自己嫁了出去。不管他是因为爱你的钱而努力"高攀"你，还是因为爱你的人而对你俯首帖耳，都不是什么好兆头。

爱你钱的人，就不必说了，没有一点事业心，毕生的理想就是当个"小白脸"的男人，不会有几个女人希望遇到。爱你的男人，会受不了自尊心的打击，即使你不在意，他也会觉得心不甘。这样的爱情发展下去，会有两个后果：不在压抑中爆发，就在沉默中死亡。

因此，金钱和物质，作为爱情的附加值，还是应该加以考虑的。不能一点都不追求，也不能追求的太甚。所以"经济适用男"是最佳的选择，有面包的美味，又有家庭的温暖。这样的婚姻才叫美满。

2
能够愉快地承担责任

有没有责任感，一直被作为一个界定男人好坏的首要标准。正因为这样的一再强调，所以"责任"两字就显得格外庄严肃穆起来，让很多男人望而生畏，甚至想象成了压在身上的一座大山，使很多本能承担起家庭责任的男人们也产生了一种逃避的心理。

责任心强的男人会让女人觉得踏实、安全，在遇到生活中的风浪的时候，男人往往是女人的导向标，男人的勇敢能让身边的女人也随之坚强起来。"经济适用男"就是这样一种男人，他们是家庭的主心骨，是女人的保护神，他们行事有准，是具有优秀品质的可靠男人。

邵冈有一个漂亮的妻子，但是她却有一个很大的缺点：经常丢东西。什么身份证、钱包、公交卡……从小到大，她丢失过的东西不计其数。

结婚以后，妻子唯一的指望就是邵冈的记性能比自己好一些，可造化弄人，邵冈也是个忘性很大的人，与妻子相比，简直是"有过之而无不及"。

一次，去餐馆吃饭，结账的时候，忽然发现两人都没带钱包。于是不得不把邵冈的手表暂时压在了饭馆里。走到家门口，邵冈又发现自己忘了带钥匙，两个人站在门口大吵了一架，妻子气冲冲的说："你干脆把我也丢了算了！"然后气急败坏的转身离去了。

最初的几天，邵冈一想起来就觉得很憋气，本来就是两个人的错，干嘛都怪在他自己头上。于是，就没有去接妻子回家。几天之后，他越来越觉得心里空空的，妻子的影子总是在梦里挥之不去。这时，他才意识到，自己再不去找妻子的话，就真的要把他丢了。

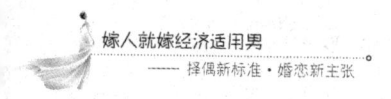

于是他飞快的跑到妻子的娘家,当妻子打开门的那一刻,他急切的说:"都是我的错,你离开的这几天里,我想了很多。以后,我再也不会忘记带钥匙了,为你记住一切就是我的责任。"妻子看着满脸胡茬的邵冈,一头扎进了他的怀里。

邵冈这样的男人无疑是一个值得称赞的好丈夫,错在于两个人,但他明白照顾妻子是他的责任,于是勇敢的把"为她记住一切事情"的担子接了过来。

推卸责任的男人不是好男人,不推卸责任,但是把责任作为一种压力的男人,也称不上是完美的好男人。一个男人如果把责任作为压力对待,在家庭遇到困难或者事情的时候,就难免会唉声叹气、愁眉苦脸,带着不愉快的心情去解决问题,自然不会有太好的结果。还极容易影响到身边的女人,让女人也觉得不舒服。

孩子出生以后,家里的事情显得多了起来。妻子忙不过来时,经常请丈夫来帮忙。丈夫也理解妻子的辛劳,于是总是应承下来。但又觉得这些事确实令他伤透了脑筋,再加上自己是急性子。所以做事情的时候总是板着面孔,低头猛干。一边做家务,一边还想着自己的事情,常常弄的手忙脚乱,眉头紧锁。妻子以为丈夫不愿意,于是渐渐的便自己承担起了一切家务。她不愿意看到丈夫一副不情不愿的样子,觉得还不如自己亲自动手。

这样一来,丈夫反而不自在了,看到妻子干一些重活的时候,就跑过来问道:"这些事怎么不叫我来做呢?你做起来多费劲。"

妻子头也不抬的答道:"懒得看你那张愁云密布的脸,还不如自己干舒服呢。"

这时,丈夫才如梦初醒:原来自己的情绪妻子都看在眼里。于是,一边帮妻子干活一边暗下决心:"谁也不容易,今后一定要改变自己的臭脾气了。"

一个男人如果在为妻子、为家庭做每件事时都"怨声载道",生活自然不会和谐。好男人会把愁眉苦脸换成笑脸,他们知道这样的道理:既然愁眉苦脸和满脸笑容都是一样的承担，那么何不给自己，也给爱人一份好的心情呢？

经过一年多的观察，李蔓最终无视身边事业有成、才华横溢或阳光帅气的追求者，选择了一位并不起眼的男生。这个男生打动她的，是一件他自己都不太记得的事。

一年寒假，男孩坐了一夜火车，在凌晨5点钟回到家，当时家人还在睡觉。他考虑到母亲有轻度神经衰弱，愣是顶着寒风坐在家门口，直到父母起床开门。"从此我认定他就是我要找的人。他的责任感和顾家，让我有安全感。"李蔓说。

一个乐意承担家庭责任的好男人，会给女人带来踏实的依靠感。他对于你，就好比一颗大树一样，用浆果滋补你，用枝叶为你遮风挡雨，用树干给你结实可靠的依托。

乐意承担家庭责任的男人，会觉得家庭的负担不是一个难以举起的包袱，而是一种甜蜜。解决家庭中的问题，会给他带来一种难以名状的成就感，带着这样愉悦的心情去奋斗、去生活，自然也就觉得轻松了不少，办事的效率也会随着大大的增加了。

当他为心爱的人不辞劳苦、忍受着压力或悲痛、默默地努力地做着一件事情的时候，他的嘴角仍然能够带着一丝微笑、心里仍然洋溢着温暖，那么，他就是一个称得上有责任感的好男人。

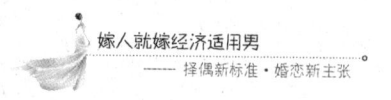

3

他从不将婚姻当儿戏

对于你爱的男人,你一定要了解清楚他对于婚姻的态度,如果你连这个最基本的情况都不知道,那么你们的感情就是不踏实、不牢固的,婚姻就更不可能幸福。有的男人随随便便就提出结婚,但婚后又尽不到做丈夫的义务。"经济适用男"却不一样,他们对于婚姻是谨慎的,他们不会轻易结婚,可一旦提出结婚,则表明他已经想好了,已经做好了婚后生活的准备。

姜丽珊和男友恋爱了五年,两个人的年龄也不小了,谈婚论嫁早就应该是理所当然的。可每次面对这个问题,男友就逃避,为此事吵闹。姜丽珊只好妥协,不再提。令她想不到的是,不久,男友却提出要和她分手。

姜丽珊去质问男友,为什么要这样对她。这个男人却振振有词:"我不是不想和你结婚,而是不想和任何人结婚,你非要逼我结婚,不如我们分开算了!我从来不觉得一个人非要婚姻不可,一个人的日子也挺快乐。"

姜丽珊欲哭无泪,说白了,他男朋友并非是不想要爱情,而是不想承担爱情带来的相关责任以及种种生活上的琐事。

其实,在女人们身边,有这样婚姻观的男人不在少数。他们都会觉得"婚姻是爱情的坟墓",即使某一天他迫于无奈娶了你,也不会想到要真心的对你负责任。这就更要求女人们能及早认清自己的男人对爱情和婚姻持有怎样的态度,才好及时对自己的选择做出调整。如果发现对方根本不适合自己,就不要勉强,及早退出这场错误的感情吧。

女人在结婚前,你要清楚他需要的是什么,如果不适合,最好及早放手,避免自己陷入感情泥潭不能自拔。

"经济适用男"从不把婚姻当儿戏，他不会在和你约会了几天，甚至数小时以后便向你求婚，只有当他们完完全全想好，才会付诸行动。有的男人所做的一切都是表面化的，结婚以后，他马上会完全改变，总是挑剔，喜怒无常，并且他从不认为自己有错。他们结的快，离得也快。必定在在结婚之前就抱定了结了婚先试试，不行大不了离婚的想法，是对你的不负责任。

对于一个女人来说，再婚时相当困难的事情。在大家心目中，离过婚的人大多都有这样那样的毛病，否则也不会离婚。也许事情根本就不能怪你，但是没办法，世俗的眼光总是以偏概全，以一己之力更是改变不了什么。

何琳和李楠是通过家长的关系介绍的，她的爸爸和李伟的父母关系一直很好。谈了不到半年，李楠忽然说结婚吧。两家人也都希望他们能早点结婚，就这样，何琳急匆匆地把自己嫁了。

婚后李楠的父母给他们找了一处房子，虽然是二手房，也不是很大，但两人住已经绰绰有余了。他们都有正式工作，生活也没什么压力，感觉婚后的生活很幸福。

时间长了，二人开始为一些鸡毛蒜皮的事情争吵。开始李楠还哄何琳，后来慢慢变得毫不在意。终于有一次，他们为了一件小事爆发了激战，愤怒之下李楠提出了离婚。

很快，他们办理了离婚手续，何琳搬回了娘家。何琳以为自己还是有机会再婚的，而且不会像之前那样草率了。于是她左挑右选，脾气不好的不行，带孩子的不行，家庭条件不好的也不行……这样挑来挑去，自己已经27岁了，身边的朋友大多都成家了，何琳也有点着急了。可是一个离过婚的女人能有多大的挑选余地呢？

人们常说："男人二婚是宝，女人二婚是草。"对于男人来说，离婚不是什么大不了的事情。但对于女人来说可就不一样了。正在爱你的男人，一定会在准备好一切之后才向你求婚，因为他从认识你的第一刻起就对你负起了责任。他想着要尽量给你好的生活，就像《奋斗》里的陆涛对夏琳一样，不想让你跟着他吃苦,更不想让你成为那棵没人要的草。你就大可不必担心他会轻易丢下家庭,去找"小三"。跟这样的男人在一起生活,你绝对是幸福的。

总之,女人们想找到一个合适的伴侣,就一定要先了解他的真实想法,以便日后不必附和着他的需求去改变自己,你要在了解他的前提下,审视彼此的感情与差距。只要你并不是想玩玩了事,就不能不慎重考虑,毕竟女人们的最终目标是为了走进婚姻,踏踏实实的过一生。

4
家庭在他心中永远是第一位的

在"经济适用男"的心中,家庭永远是第一位的。他们的生命中可以没有事业,但他们无法接受失去家庭。他们很重视家庭这个概念,不会因为事业或者其他事情而牺牲家庭。

他们希望自己的另一半能全心全意地投入家庭之中,把整个家庭融入自己的血液里。对于自己另一半的父母和家庭,他们绝对不吝啬,无论从精神和物质都会尽量做到最好,真正像关心自己的父母家人一样关心对方。

2005年,李亚鹏与王菲结为夫妇,生有一女李嫣。在娱乐界,李亚鹏是出了名的好老公、好父亲,他以自己的实际行动向人们展示了一个艺人的良好风貌,崇尚正气、崇尚善良,他自己坦言,与王菲结婚后,他始终把家庭放在第一位。

李亚鹏在有一年,经历了四个人的去世,一个是他的外婆、一个是他的爸爸、一个是他的姑姑、还有好朋友刘丹(《还珠格格》中香妃的扮演者)。这几件事发生后,他越来越意识到除了演戏自己还有很多事情要做。他说:"家庭是最重要的!我以后的步子可能要放慢一些,从前一年拍四五部戏,以后可能只拍一两部。"

恋爱的时候，两个人的爱情就是天就是地，几句甜言蜜语就可以化解一切，而结婚后就不同了，柴米油盐占据了生活中的主要位置，爱情渐渐退居二线。恋爱时，你只需考虑身边的这个人怎么样就可以，结婚却要考虑双方的一家子。女人在选择男人的时候，一定要选择那些重视家庭的人，只有这样的人，才是适合结婚的对象。

佟大为在2008年刚荣升为爸爸的时候，放下手中的工作，安心陪妻子关悦坐月子。

当时佟大为在电视剧《保姆2》中的角色十分重要，导演刘新着急地表示，为等佟大为一人，剧组损失巨大。

据了解，剧组租了一座800多平方米的海水温泉别墅作为剧中的主要场景。导演刘新称，佟大为坚持9月底才到组，等他来之后，剧组还得重新租用这个别墅，一天光是租金就一万多。让剧组一百多号人这样等着也不是办法。

但为了陪妻子关悦坐月子，佟大为不得不推迟进剧组的时间。佟大为向媒体记者诉苦，自己的确是因为想多陪陪关悦和女儿，才和经纪人商量推迟进组时间，"说实话，有了女儿后，我的人生观也发生了很大变化，现在家庭在我心中才是第一位的。"

后来面对导演的严厉要求，佟大为的态度也表现得非常强硬："戏要拍，但一定要先陪关悦坐完月子再说。"

面对事业和家庭，有多少男人肯放弃前者而选择后者呢？这样的好男人真的不多了。所以奉劝80后待嫁女们，嫁人一定要嫁家庭责任心重的男人，这样以后的婚姻生活才会有保障。

如今女性在选择另一半时会首要考虑哪些要素？有调查发现，77.7%的人选择了有没有家庭观念，远远高出对方从事职业（41.6%）和"经济情况"（35.3%）。

如果你选择了一个不重视家庭的男人结婚，婚后你会相当痛苦。相恋时，你是被放在首位的。一旦结婚，你就要为男人的事业和朋友们让路，这种冷热

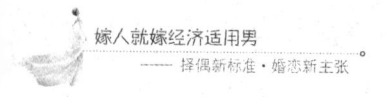

差异往往令女人难以接受。每个男人面前都摆着一架天平,一边是事业和朋友,一边是妻子和家庭。如果你要想不在以后的家庭生活中备受冷落,就要选择一个懂得调节天平平衡的男人来交往。

程峰是个贪玩儿的人,即便是婚后也没有改掉贪玩的坏毛病,经常和朋友一起出入酒吧、夜店等娱乐场所,而且回家的时间一般都是凌晨2、3点。

妻子说了他好多次,可他完全当做耳边风。一次,妻子又是一个人在家,越想越委屈的她想到了离婚。当她把这个想法告诉程峰时,程峰有些慌了手脚,赶紧低声下气、好言好语的相劝,还发誓道:"下次再也不会这样了!"见他态度诚恳,妻子就没有再计较。

但没过多久,程峰又开始过起了晚归的生活。妻子对他完全失望了,坚决和他离了婚。

男人自有男人的世界,一个只爱老婆不爱事业和朋友的男人是不完整的。但是好男人在顾及朋友和事业的同时,也应该知道爱情和家庭也是生活中不可缺少的因素。

好男人懂得取与舍的关系,明白什么事情对于自己是最重要的。懂得把握平衡原则的男人无论在怎样的情况下,都知道该如何调节自己的生活节奏,知道在什么时候,生活的重心该往哪边倾斜。

5 用情专一，能理智拒绝诱惑

如今"花心"似乎已经成了男人的标志了，男人的花心就像得了流感一样，不可收拾，有些手段高的男人可以将身边的女人哄得招之即来，挥之即去，他的魅力可使身边的女人毫无保留的付出一切，他可以同时拥有N个女友，又可以泪流满面的跪在你面前，说最爱的人是你。

女人是向往天长地久的，所以当爱上对方的时候总希望与之厮守一生，然后如童话故事中的王子公主一样生活，但是现实总是让女人的希望破灭，越是美好越容易破灭。

但如果你选择的是"经济适用男"，你就完全不用担心花心的问题了。因为"经济适用男"用情相当专一，面对诱惑不会失去理智。如果你找到一个既有情趣又用情专一的"经济适用男"，那你就真的是幸福了。

烛光晚餐。桌子两边，坐着男人和女人。

"我喜欢你。"女人一边摆弄着手里的酒杯，一边淡淡的说着。

"我有老婆。"男人摸着自己的手上的戒指。

"我不在乎，我只想知道，你的感觉。你，喜欢我吗？"

意料中的答案。男人抬起头，打量着对面的女人。24岁，年轻，有朝气，相当不错的年纪。白皙的皮肤，充满活力的身体，一双明亮的、会说话的眼睛。真是不错的女人啊，可惜。

"如果你也喜欢我，我不介意作你的情人。"女人终于等不下去，追加了一句。

"我爱我妻子。"男人坚定的回答。

"你爱她？爱她什么？现在的她，应该已经年老色衰，见不得人了吧？"

　　女人还想继续，可接触到男人冷冷的目光后，打消了念头。

　　"你到底喜欢她什么？"

　　"我们刚结婚的时候日子很苦。两个人，一张床，家里的家具少的可怜，可她从不抱怨。知道吗？结婚一年，我才给她买了第一颗钻戒，存了大半年的钱呢。当然，是背着她存的。若她知道了，是肯定不让的。"

　　"那阵子，烟酒弄得身体不好。大冬天的，她每天晚上睡前还要给我熬汤喝。那味道，也只有她做得出。"

　　男人沉醉于那回忆里，忘记了时间，只是不停的讲述着往事。而女人，也丝毫没有打扰的意思，就静静地听着。等男人注意到时间，已经晚上10点了。

　　"啊，对不起，没注意时间，已经这么晚了。"男人歉意的笑了笑。"现在，你可以理解吗？我不可能，也不会，做对不起她的事。"

　　"恩，知道了。输给这样子的人，心服口服。"女人无奈地摇了摇头。"不过我到了她的年纪，会更棒的。"

　　"嗯。那就可以找到更好的男人。不是吗？很晚了，家里的汤要冷了，我送你回去。" 男人站起身，想送女人。

　　"不了，我自己回去可以了。"女人摆了摆手。"回去吧，别让她等急了。"

　　男人会心的笑了笑，转身要走。

　　"她漂亮吗？"

　　"嗯，很美。"

　　男人的身影消失在夜色中，留下女人，对着蜡烛。发呆。

　　"诱惑"往往是男人出轨的最大"怂恿者"。男人要做到用情专一，首先要有抵制诱惑的能力。

　　用情专一的男人可以让你既幸福又省心。嫁给这样的男人，会让你从心底觉得踏实。你就不至于因为花费心思了解他的行踪，而把自己搞得猜忌、多疑、神经兮兮了。

男人的妻子严格说来是不称职的，家里的事很少管，经常和朋友出去玩。这次，妻子又和朋友出去旅游了，留下男人一个人在家。

快接近中午时，有人按门铃，男人开门，原来是单位的同事——一个多次对他表示好感的年轻女孩。男人有些惊讶，女孩说："我闲着没事，到你家坐坐吧。"

女孩多次表示好感，男人都巧妙的拒绝了。男人知道，年轻女孩的心是一张空白的纸，他没有资格在上面留下任何痕迹。

女孩买来很多菜，还有一瓶红酒。男人说我下厨吧，女孩说，不用，边在厨房里忙碌起来。男人开始收拾房子，偶然看见女孩忙碌的背影，突然有种感动。就那么一会，他立即将这种片刻的感觉压在心底。

不一会儿，女孩就做好了两个菜，一个汤，其中有男人最爱吃的回锅肉，妻子一次也没亲手炒过给男人吃。男人和女孩喝着红酒，女孩脸上妩媚一笑，搅动了他的心。说不清为什么，他在女孩不注意的时候，关掉了手机，拉上了窗帘，他能听到自己心跳的声音。

后来，红酒喝完了，女孩说头晕，之后就软绵绵的倒在了男人的怀里。看着女孩美丽的脸蛋，他紧紧把她抱在怀里，也就在那一刻，他忽然意识到女孩的身体是那么弱小，就像个孩子一样，这一刻，他的头脑比任何时候都清醒。

他把女孩抱进卧室，自己则轻轻带上了门，躺在客厅的沙发上。第二天早上女孩醒来，发现男人已经为自己准备好了早餐。吃饭的时候，女孩问，你不喜欢我吗？男人说喜欢。那你是怕我纠缠你？

男人认真的说，生活是一种责任，就像这稀饭和煎蛋，尽管老吃觉得没什么味道，可是你每天还得做、还得吃，有时甚至觉得它难吃，可是不吃心里空荡荡的。

女孩沉默了。送走了女孩，男人觉得从未有过的轻松。

面对诱惑，能清醒理智面对的男人，才称得上感情坚定的男人，这样的男

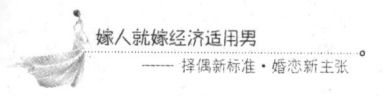

人让人感动。爱是一种诚信,是需要付出代价的,如果不爱或是无法承受,那么就别轻易的将自己的心打开,诱惑和寂寞,本不是爱的理由。

6
他是别人眼中的"妻管严"

社会的发展已经让"妻管严"成为了一种新的流行时尚。那么什么样的男人是"妻管严"的男人呢?

一、宠爱妻子,以服侍爱妻为荣,夸赞爱妻为乐。

二、老婆叫他向东不敢朝西,大部分事情都听从妻子的决定。

三、凡事迁就妻子,让着妻子。总是发扬"好男不跟女斗"的精神。

四、最典型的"妻管严"莫过于人们总结的具有"三从四得"的男人。即:老婆的教导要听从;老婆逛街要跟从、老婆的命令要服从,老婆花钱要舍得;老婆化妆要等得;老婆发火要忍得;重要的节日要记得。

很多人总把怕老婆当成一种没出息的表现,不仅男人这么认为,不少女人也持相同的观点。认为做男人就该有个男人的样,总在老婆面前唯唯诺诺像什么样子。

其实,真正的好男人并不这么认为,他们不仅不觉得自己是"妻管严"会丢面子,反而以此作为一种荣耀。因为这是一个男人懂得疼爱和呵护的妻子的最有力证明。

很多成功的男人都是"妻管严",比如李连杰、李安,还有大学者胡适。他们要么由太太执掌财政,要么就是家里的事都由老婆说了算,要么就是对妻子无微不至、体贴周到。谁也不能说这些男人没出息。

"妻管严"不等于"窝囊废",他们听老婆的话,甘愿被老婆管着。这能说明这些男人具有独到的聪明之处。他们一直都谨记"一个好女人是男人的学校"的名言。即从女人那里不断学习不断成长,也减轻了凡事都由自己处理的压力，同时还让女人拥有了被认可、被信任的快感。一举三得，是何等的明智。

当然，"妻管严"的男人也并不是没有自己的原则的。但是在制定原则的时候，他们总会把爱作为前提。懂得爱自己妻子的男人，必定拥有广阔的胸怀。既然有了关阔的胸怀，也就不会不愿意成为"妻管严"了。

聪明的男人深知：被女人管着是一种幸福，那是女人爱一个男人的表现。如果这种管束消失了，也就证明女人不再在乎你了。所以，他们懂得在爱情产生摩擦的时候，在女人面前就范。男人正是用这种"得过且过"的智慧，来让生活达到一种和谐的完美的。

女人和男人的世界不一样，在男人的世界里，也许"妻管严"会遭到哂笑。但是在女人的世界里，"妻管严"的男人绝对是被追捧和赞扬的对象。所以，男人"妻管严"不仅是一种爱和智慧的凝结，也是对女人面子和心理的照顾。

"妻管严"的男人最大的优点就是懂得包容。能看到女人生活的更开心，是他们一贯的爱情信条。在相爱的前提下，男人愿意接受女人定下的所有规矩：不许抽烟、不许喝酒、不许熬夜、不许没有理由的乱花钱等等。其实，这些规则仔细想一想，没有那一项不是从关怀男人和勤俭持家的角度出发的。至于适度的唠叨，也是每个女人都会犯的毛病之一，把唠叨当成故事来倾听，才是好男人的表现。

缺乏安全感，通常是女人喜欢在家里"严管"男人的主要根源。对家里的事情大包大揽，能够由着自己的性子来控制男人、控制一切，会让女人觉得无比安心。"妻管严"的男人就懂得体谅妻子这样的心情。站到他的立场去考虑，自然也就愿意配合妻子的管束了。无限体贴的享受着妻子因为在乎而对其严管的爱意。

人们常说，听妻子话的男人才最有可能出人头地。这句话是不无道理的。

愿意被妻子"严管"的男人，通常具有对家庭负责的责任感。由于考虑到妻子的因素，遇到事情的时候，总能保持一种"大事化小，小事化了"的态度来解决问题，通常不会招惹太多的麻烦，以这样的准则生活，家庭也就和睦的

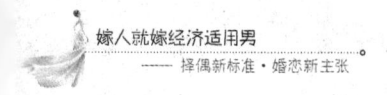

多了。只有家庭和睦了，男人才能有旺盛的精力出去奋斗。而在事业上遇到困惑的时候，男人难免容易冲动，而妻子就相对要冷静的多，"妻管严"的男人能听的进去别人的劝告。成功的机率自然也就大了不少。

7 在你面前既会做父亲又会做儿子

真正的好男人即会做父亲也会做儿子，在你面前，"经济适用男"就会扮演这两种角色。女性天生具有母性，一个会配合妻子"当儿子"的老公将激发出女性更多的母性，她们心中的成就感就会油然而生。另一方面，女性又希望小鸟依人，这时，男人就要装出父亲的样子，给女性坚实的肩膀和温暖的怀抱。

戴安娜曾说："我曾有过那么多小女孩的梦想，希望我的丈夫会照顾我，就像父亲那样。"

结束了上一段6年的感情纠葛，40岁的影视明星刘雪华遇到了现在的丈夫、著名编剧邓育昆。虽然丈夫不高不帅又比她大13岁，却给了她幸福美满的生活。

刘雪华是个超级路盲，如果在酒店上厕所没有老公带路，一定就是有去无回。她在家几乎不出门，也不会做家务，因为不会用所有电子产品，就连手机也只会拨号或接听，不会发短信，这些都需要依赖老公。虽然夫妻俩结婚多年没有孩子，但两人相处却不乏童真。刘雪华曾说："因为老公比我大很多，所以有时候我就叫他爸爸，他也不吃亏，也会叫我妈，因此，我俩虽没有小孩，但等于有了一双儿女，那就是我们自己。"

小时候，父亲的教导与他默默关心自己的方式，相信都让许多女孩铭记心头,有这样一位像父亲般伟大的爱的老公,那将是女孩后半生最大的福音。

"经济适用男"懂得对自己的妻子像父亲般的呵护,在遇到危险的时候用一双有力的大手紧握住妻子颤抖的双手,在遇到大事时挡在妻子的前面,这样的男人,是一座巍峨的大山。工作中,这样的男人拥有父亲一样的责任感和自信心,对于你们的未来,他满是一片美好的憧憬……

另一方面,他们又拥有像儿子一样谦虚的心,对待妻子又像儿子般的听话,会时不时的跟妻子撒娇,满足女性的母性。

在外面,江楚凤的老公郭焱是个顶天立地的大男人,但是在家里,他完全就成了一个调皮撒娇的孩子。

一次,郭焱去医院检查,然后打了个电话给江楚凤说:"老婆,我生病了。"妻子有些不相信,问道:"做了个检查就检查出病来了?什么病?"郭焱调皮的说:"检查出来我有糖尿病。"

听着这种语气,江楚凤更不信了,说道:"我现在在工作,别开玩笑了。"说着就把电话挂掉。晚上回到家,江楚凤还是问了一句:"你真检查出来有糖尿病?"郭焱笑着点头:"是啊,你看,这还有化验单呢!"妻子一看,还真没骗自己,"那你早晨打电话的时候干嘛还一副嬉皮笑脸的腔调。"郭焱轻松地说:"反正又不是绝症,不吃甜的就没关系了。"看着丈夫孩子般的笑容,江楚凤本来紧张的内心似乎也没那么沉重了。

晚上睡觉的时候,郭焱也像个孩子一样。每次睡觉,只要郭焱清醒,他就一定会抱着妻子睡,还会把脚搁妻子身上。整个夜里,不管什么时候,只要郭焱醒来,就会跟孩子似的投入到妻子的怀抱中继续睡觉。此时是江楚凤最幸福的时候,看着丈夫熟睡的脸庞,江楚凤内心会涌起一阵甜蜜的涟漪。

女人是树,她希望用自己浓浓的爱去抚慰男人,给男人母亲般的照顾和宠爱。同时女人也是水,她有柔弱的一面,希望有一个有力的肩膀,在自己最脆弱的时候给予巨大的鼓励和慰藉。女人普遍希望丈夫是个很会呵护自己、疼爱自己的人,所以大部分时间她们需要一个强有力的依靠,就像父亲那样。所以

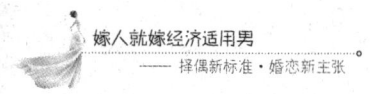

男人既要有高大的一面,又要学会偶尔"装嫩",让女人心疼。

8 他不把家务当成女人的专利

自古以来,女人就成了家务活的代言人,似乎这是理所应该的事情。只要少做一点就会背上"懒媳妇"的罪名,如果不做那就更加说不过去了。然而,现在社会已经不再是那个传统的"男主外,女主内"的年代了。家务活不仅女人要做,男人也要做。

家务一定要是两个人共同承担的事情,"不把家务当成女人的专利",是一个好男人必须意识到的一点。别让那些所谓的"做家务的男人没出息""男人做家务很没面子"之类的思想左右了你。现在社会讲究的就是男女平等,男人干的女人也能干,女人干的男人也该干。当今社会的女人不再是身份卑微的丫鬟,男人也不再是高高在上的少爷。

"经济适用男"不会认为做家务丢面子,是没出息的表现,他心疼自己的妻子,不会让她一个人在厨房里"孤军奋战",而是会帮你分担劳苦,更是一种体谅你的付出的表现。

在金融危机前,周小瑜自认一定会找个有房有车、会玩会闹有情调的男子。因为工作关系,周小瑜经常与几位"钻石王老五"郊游聚餐、把酒言欢,与其中两人还有点小暧昧。危机下,周小瑜所在部门职员遭总公司整体减裁,周小瑜突然失业。

当再次找到那些"王老五"时,他们只在msn中闪过一下,两句安慰话更像敷衍,此后便消失不见。从那以后,周小瑜直言"宁要真心实意经济适用男,不要乔装假意金龟婿"。

两年后,周小瑜真的找到了一个很会体贴人的"经济适用男",如果自己工作辛苦，老公就会主动承担起洗衣服、做饭、洗碗等家务，等周小瑜生了孩子之后，老公更是像个"主夫"，一边照顾周小瑜，一边还要照顾小baby。周小瑜看在眼里，心中乐开了花，庆幸自己没选错人，要是真的嫁给那些"王老五"，婚后生活岂不是要累成个黄脸婆！

时常能听到一些女人的抱怨："我们家的那位，简直就是个大爷，对家务活从来就不闻不问，甚至在你擦地的时候都懒得挪一下板凳。""我做家务的时候，他从来就不搭手，要么上网玩游戏，要么就翘个二郎腿看报、看电视。""你做的不好都批评个没玩没了，更别说让他帮着做了，想都别想。"

把全部的家务压力都压在一个人的身上，时间长了，相信谁都受不了。如果从一开始就习惯了你一个人忙活，那么，当你受不了而要求丈夫帮助时，他自然会觉得自己是"加了班"。所以嫁给一个"经济适用男"绝对是你最佳的选择。如果不是，那你婚后不变成黄脸婆都不行了。

李倩和小肖结婚后，开始经营起自己的小家来。小肖结婚后，就一心钻研起了自己的事业，忙着升职、考研。回到家里，除了看书就是休息。

李倩看到老公忙碌的样子很是心疼，就承担起了诸如洗衣、做饭、扫地、倒垃圾等各种家务活，希望帮老公减轻负担。

小肖越来越忙，他们之间的交流也变得越来越少了，每天回家后，都是"各司其职"。后来，李倩也找到了工作，每天下班之后，还要做那么多家务，让她渐渐觉得有些吃不消。

她试着让老公帮自己分担一点小事，比如买菜之类。可是小肖却总是以忙、累、没空这些词来搪塞，并埋怨她这么一些小事都自己搞不定。

某一天，李倩在工作上遇到了一些想不通的问题，就去向老公请教。没说了几句，小肖就不耐烦起来。"跟你说了你也不会懂得，你就是做一些吃饭、做饭之类不起眼的小事还行。"

小肖的话让李倩很受伤，自己成天为了这个家操劳，在老公眼里怎么会都是不起眼的小事呢？想想自己刚刚二十五岁，就因为干家务而变得粗糙的手，

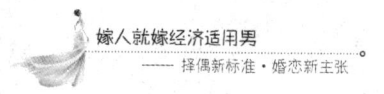

觉得自己的付出真的很不值得。

小肖之所以觉得李倩做的都是些鸡毛蒜皮的小事，是因为他从来都没有体验过做家务的劳累，如果一开始就让他养成与妻子共同分担家务的习惯，他自然也就没理由这么说了。没有什么能比切身体验更能理解对方的了。女人做家务，是出于对男人的爱，而不是应该，男人也是。

一个男人如果把家务当成了你的专利，即使你任劳任怨的接过了这个担子，他也不见得就会觉得你有多好。你会在家务活的操劳中渐渐地丧失自己的个性，没有个性的女人对男人是没有吸引力的。当你为了他变成了一个标准的家庭主妇时，他的眼里很可能就都是那些风情万种、活的精彩的女人们了。

这个年代已经不流行"女人做家务，男人忙事业"的大男子主义了。嫁人，就嫁个懂得帮你分担家务的男人吧！

9 他是个有担当的男人

有担当的男人办事果断,懂得割舍。他们最清楚什么是该做的,什么不该做的。什么事情可以得过且过,什么事情绝对不能含糊。在他们的心里永远有一个宽容和敢于承受压力的助手。一个"有担当"的男人是绝对值得爱和尊敬的。

他和她大学的同班同学,她家庭不错,人也长得漂亮。他一直暗暗喜欢她,虽然从未表白,可是她心知肚明。其实他也是很优秀的,只是家里不富裕,追求她简直就是高攀。

毕业以后,他们各自去忙自己的事业,久久没有见面。在一次商业洽谈会上,他遇到了她,这时的他已经是有三家公司的老总了,她也不错,在一家国有企业里边当经理助理。巧在彼此都还是单身,这次相遇,两个人都觉得是缘分。这时候,他不再像学校那时那么没有底气,他觉得自己应该可以给她好一点的生活了。于是,他鼓起勇气要了她的电话。

经过几次相约,他们终于成为了恋人。

可是正当他事业蒸蒸日上之际,忽然接到了父亲病危的消息。他放下手头上的生意,日夜兼程的赶了回去。母亲早已去世多年,只留下父亲一个人。先前,父亲的身体还算结实,几乎没看出有什么毛病。可是虽知这一病,就这样卧床不起了。病榻上的父亲紧紧握着他的手,说自己没有什么放不下的,就是担心他没有稳定的工作,还有就是他这么大了还没有成个家。

为了能让父亲安心养病,他返回城里,把自己的公司都转让的出去。然后在家乡找了一份稳定的工作,以便能守在父亲身边好好照顾他。

他的决定是对父亲的孝心，但是他却觉得对不起她。可是当他把情况告诉她的时候，她并没有表示出惊讶和反对，而是对他说："如果你愿意娶我的话，我想嫁给你。"他自然愿意，于是娶了她为妻。

她的朋友和家人都觉得她不值得，毕竟他是一个"有病父拖着的老男人"，把公司转了之后也不是大老板了，她完全可以找一个更好的对象。可是她却义无反顾的嫁了过去，因为他觉得他是个有担当的好男人。

婚后两年，她在工作上出了一点小麻烦，被她打败的竞争对手为了报复，费尽心机地找到一些有关她和她前男友的照片，拿去给他看。当这个女人把装着照片的信封拿到他面前的时候，他看都没看，淡淡地说了句："谁没有过曾经？"然后把照片扔进了垃圾桶。

回到家后，有关这件事的一切他只字未提，只是紧紧地将她拥进了怀里。

生活中难免有磕磕绊绊，找一个有担当的男人一定能让你感觉到靠山稳稳，没有后顾之忧，从而勇往直前。

再强的女人也难免会有脆弱的一面，当你面对一项自己无法承受的压力时，有个有担当的男人在背后扶你一把，揽你在怀里，对你说一句："老婆，不怕，有我在。"自然是一件很舒心的事情。

有担当的男人懂得理解的含义。他们擅长"将心比心"，会站在你的立场上去考虑问题。绝对不会在你已经很难过的时候再火上浇油。

有担当不仅代表一个男人处事宽容，最重要的是说明他有责任感。一个男人有了责任感，才会为了自己所爱的人们去努力拼命，才不会在事业取得成就的时候，就把家庭抛在了脑后。他娶了你，就会永远把你放在心上。在你困难的时候即使出现给你帮助，在你感到压力的时候替你分担，给你支持。在他的信念里，他所做的一切不仅仅是为了自己，更是为了他所爱的人。

找个有担当的男人，幸福、无忧的过一生。不但是让他对你、对家庭负责，也是让他对自己和未来负责。

Chapter 5

他的爱不张扬 却绵延悠长

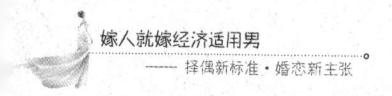

1
他不懂浪漫却懂爱

女孩子都喜欢幻想，都希望自己有个无微不至而又解风情的男人。也许你会因为他不懂浪漫而对他时有抱怨，但在漫长的岁月中你会慢慢懂得，到底什么才是最该珍惜的。

浪漫只是一时的气氛，玫瑰花谢了不会再开，蜡烛燃尽了不会重来，这些都只不过是生活的点缀，就像是饭后的甜点，永远不可能成为主餐。生活离不开油盐酱醋，不要为那一时的绚烂而感动，因为一生的陪伴和坚持才是最应该珍惜的！

我们分手吧！女孩终于鼓起勇气对男孩说。男孩问为什么，女孩只说了两个字：倦了。似乎分手并不不需要理由。男孩抽着烟，没有说话，女孩欲哭无泪，心想：连挽留都不会表达的人能给我什么样的快乐？

最终，还是男孩打破了沉寂：我要怎么做你才能留下来？女孩没有正视男孩，只是慢慢地说：诚实地回答我一个问题，如果你的回答让我满意，我就留下来。男孩"嗯"了一声表示可以。"假如我非常喜欢悬崖上的一朵花，可是如果你去摘的话，百分之百会死亡，那你会不会摘给我？"

男孩想了片刻后说："我可以明天早晨告诉你答案吗？"女孩失望地点点头，对于明天，她几乎不抱什么期望了。

第二天，女孩醒来后发现男孩已经不在，后来在客厅里发现一张写满字的压在温热的牛奶杯下面的信纸。是男孩的笔迹，只看到第一行字，女孩的心就凉透了：

亲爱的，我不会去摘，但请容许我陈述不去摘的理由。你天生方向感就不好，在自己的城市里都常常迷路，我要留着眼睛给你带路；你出门总是忘记带钥匙，我要留着双脚跑回来给你开门；你总是把电脑程序弄得一塌糊涂，然后会无助地对着屏幕哭，我要留着手指给你整理程序；每当你的"好朋友"光临时，你总是全身冰凉，我要留着掌心温暖你的小腹；你平时不爱笑，我要留着嘴巴给你讲笑话，驱赶你的寂寞。

所以，我要好好活着，等你老了给你修剪指甲，帮你拔掉你讨厌的白发，挽着你陪你去逛街，拉着你的手，在海边享受美好的阳光和柔软的沙滩……所以，在我不能确定有人比我更爱你以前，我不想去摘那朵花……

看到这里，女孩的泪已经顺着脸庞不停滴落，信纸已经被浸湿，形成晶莹的花朵。女孩哽咽着继续往下看：亲爱的，我是用一颗真心在爱着你，如果你对这个答案还满意的话，请你开门吧，我正站在门外，手里提着你最喜欢吃的肉松面包……

女孩拉开门，看见他一脸的紧张，见到自己后有些不知所措，只会把拧着面包的手在她眼前晃……女孩挂着眼泪，幸福地笑了。

这就是爱情或者生活，被幸福平静的包围时，一些平凡的爱意，总被渴望激情和浪漫的心忽略掉爱。浪漫不过是浮在生活表面的点缀，在它们的下面才是我们真真的生活。面包，有时，也可以是深深的浪漫。

爱从来就没有固定的模式，浪漫也不过是爱的一种表现形式而已。深沉的大爱从来不需要浪漫的表达，而是用心铸成的点滴的生活，有时仅仅是个微不足道的动作，有时仅仅是句淡淡的话语，都足以让人感觉到爱。

男人很有钱，也很懂浪漫。追求女人的时候，又是玫瑰，又是烟花，女人彻底被征服了，她觉得自己是世界上最幸福的女人。在一次邮轮旅游中，男人单腿跪地，在玫瑰花中放了一颗闪闪的钻戒，女人没有理由拒绝，她答应了男人的求婚。

婚后一段时间里，两人都很幸福，但女人渐渐感觉到，浪漫在现实生活中所带来的喜悦远不及丈夫的一个拥抱或是一整夜的陪伴来得实在。虽然丈

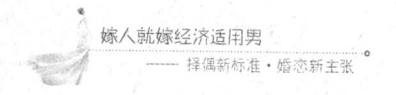

夫仍然会在她生日的时候送她玫瑰，但感觉已经在年复一年中逐渐淡下去。她更多的时候是希望，丈夫能多留点时间陪伴自己，那样，她宁肯不要钻戒，不要玫瑰。

也许，随着岁月的流逝，你会发现，那些自己曾经重视的浪漫，已经逐渐褪去色彩，你的心更渴望的，是他给你实在的爱。比如帮你洗一次衣服，亲自为你下厨，陪你和孩子去郊外游玩，在下雨的时候脱掉自己的衣服给你挡雨。

浪漫是爱情的一种调味品，适当的加一点会让爱情有滋有味，没有，我们也不必苛求，因为有爱，生活就会很美好。有人说浪漫是一袭美丽的礼服，你不可能天天穿著它，就好比煮菜时加的盐一样，加多了反而会苦。

希望你真的明白，一生的呵护比什么都来得珍贵！

2
他没有花言巧语却真心疼你

有的男人很会花言巧语,恋爱时,男人发誓说:"我要把月亮摘下来给你梳妆!"女人相信了。男人又发誓说:"我要把星星摘下来做你的项链!"女人幸福地又相信了。对于初涉爱河的女人,男人誓言就是甜蜜的明天。等到结了婚,女人才发现这个曾经许诺给自己美好明天的男人,原来有许多让人难以忍受的毛病。

而那些不会甜言蜜语,甚至羞于表达心中爱意的男人,往往最实际。他们也许不会向你许诺要给你多么幸福的未来,但他们却默默奋斗,靠自己的力量为你打造一个明媚的未来。

周蓄言是个不太会表达爱意的男人,虽然他在单位给人开会时总是长篇大论,但一面对爱情,就变得迟钝、嘴拙,不知该说什么。

他不会浓烈而炽热的表达感情,甚至是根本不善于表达感情,并不是他习惯了平淡和忘记了浪漫,只是他的性格中有那么一点害羞。

和林珊结识半年后,周蓄言发觉自己开始慢慢喜欢上她。有时给林珊带早餐,有时给林珊借书。后来周蓄言开始给林珊打电话,但每次拨通电话后,周蓄言都不知道说什么,无一例外的是明天天气怎么样,要注意添减衣服之类的。对于这样的周蓄言,林珊觉得这是个很可爱的男人。因为他不像大多数男人那样花言巧语,他表现得最为真实。

林珊认为世界上最动听的语言是那次,他向自己表白的时候。那天周蓄言低着头,吞吞吐吐地说:"小林,我觉得……我觉得……觉得……觉得我好像……很喜欢你。"

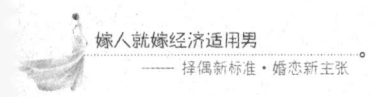

不是华丽的语言，也不是美妙的倾诉，可是林珊听得出是发自肺腑的真心。林珊答应了周蓄言的追求，她知道这样的男人不会用语言讨好你，只会在生活中用实际行动给你温暖。

真爱，不需要那么多的花言巧语，不需要那些刻意的技巧。真爱，只需要用心。男人疼女人，最让人感动的是出自真心的疼，真切的爱。

说来颇有戏剧性，周立和闫妍的相识是在电影院。周末，闫妍和朋友一起看电影，当时周立就坐在她的旁边。周立对素不相识的闫妍可谓是一见钟情，主动搭讪，而正当妙龄的闫妍对他也无反感，有人喜欢自己，说明自己有魅力。两人相谈甚欢，顿时觉得相见恨晚，电影散场后，他们互相留了联系方式。

之后，周立对闫妍展开了爱情攻势，每天一束玫瑰，他说要照顾闫妍一辈子。在周立的甜言蜜语下，闫妍的芳心终被俘获，很快两人进入热恋阶段。之后，两人闪电结婚。

原本闫妍以为自己得到幸福了，但现实生活毕竟不像两人恋爱时那样浪漫。恋爱时说过的话，周立似乎都忘了，加上双方的性格有很大差异，很快，两人就经常为一些生活琐事发生矛盾。

虽然每次争吵都是因为一些小事，但两人都年轻气盛，互不相让，原来的夫妻情意荡然无存。一怒之下，闫妍要求离婚，而周立在法庭上很爽快地同意离婚，法官经多次调解无效，一份盖有人民法院的离婚调解书结束了两人的婚姻关系，闫妍自愿承担了女儿的全部抚育费。现在的她独自带着女儿生活，她说，当时的自己太天真，被几句甜言蜜语就给迷惑住了，现在后悔也没用了。

80后女生们，你该学会爱了，该学着辨别男人了，也该知道男人的哪句话是真哪句话是假了。男人的甜言蜜语多半听听就算了，当一个男人对女孩展开爱情攻势时，他能够用甜言蜜语轻松地征服她。当一个女孩对一个男人投入感情时，无论她曾经是否相信承诺或山盟海誓她都喜欢听，不知不觉就陷入爱的沼泽。

恋爱中的女孩听觉异常灵敏，爱听甜言蜜语、海誓山盟，一听到这类的话就以身相许，这是女孩的软肋。而大多数女孩想听的无非是"我爱你一辈子""我永远爱你"诸如此类虚无缥缈的情话。男人的甜言蜜语可信吗？很多时候，他的话就是为了逗你开心，甚至事后他自己也忘了自己说过什么。

不会甜言蜜语的男人给人更可靠的感觉，有时候甚至一句"我爱你"对于他们来说都很难，但他们是打心底里对你好，天冷了会给你暖手，你累的时候会帮你分担家务，你不开心的时候会做让你开心的事。这样的男人带给你的，不是虚无缥缈的誓言，而是感觉得到的实实在在的照顾。

3

他表达爱的方式有点木讷却真诚无比

爱的表达方式有千千种，有的热烈，有的平淡，有的人却表现得笨拙、木讷，但他们的心却是无比真诚。

那个冬天，他破产了，那套豪华温暖的房子已经不属于他和妻子，他们不得不搬出，在市郊另租了一套简陋的房子，房间阴冷潮湿，就像他们失落的心情。

在这种落魄的时候，他不知道该怎么去安慰妻子，只是卖命地工作。白天，他在外面奔波，有时一整天也不打一个电话回来。她没有怨言，她知道他在外面所做的一切都是为了他们的将来。晚上回家后，他很少和她闲聊，大部分时间都是坐在电脑前查资料、整理信息、打客户电话，然后昏昏地睡去。她也能理解，对于忙碌一天的老公，她知道他一定很累，心里很是心疼。

但有一件事，她始终想不明白，唯一的解释就是——他不在乎她了。这从洗澡这件事上就能看出来．在以前，他总是让她先洗，自己留着一身臭汗在客厅或者书房里，直到她洗完。

可是现在，他总是抢着洗，每当她要走进浴室的时候，他就会突然说，让我先洗吧。想起以前的日子，她有些伤心，她觉得生活的艰难磨去了他的绅士风度，更削减了他对她的爱恋，她想他为什么不能继续让着自己呢？

听着浴室里哗哗的水声，她觉得很委屈，这是不是说明他已经不爱她了？后来，她问他为什么总是自己先洗澡，他愣了半天，说道，在外面跑了一天，一身的臭汗不舒服，所以急着冲一下。曾经那个让自己自豪和感动的丈夫不见了，她心中有着深深的失落。

那一天，他照例出去了。百无聊赖的她打开了丈夫的电脑，无意中，她发现他竟然天天在电脑上写日记！

她认真地读着每一篇，双眼有些湿润，后来她看到这样一段文字：今天她问我为什么总是要抢在她前面洗澡，我没有说实话，我怕她为我难过。浴室很冷，但我知道，在沐浴完以后，那里面的温度会升高一点点，3度、2度或者1度，我想，那样的话，她在洗澡的时候应该就不会那么冷了吧？在这段艰苦和寒冷的日子里，我想，我至少还能送给她1度的温暖。

有时候沉默比言语来得更加让人珍惜和感动，沉默并不仅仅是无声的语言，更是心灵的一种相互关心、相互尊重、相互信任。

谁说爱一定需要言语来表达？谁说木讷的人就不懂得爱？他们的爱是无声的，他们只会在你不知道的地方，默默地给你温暖。他们的真心，需要你细细去体会。

两个在旁人看来很不配的人竟然走到了一起，很多人都为女生抱不平。她亭亭玉立，有天妒的红颜，更是难得的才女。而他身材矮小，老实木讷，是那种一说话脸就红的男人。

他们是大学同学，从毕业结婚到现在，已经10年了。10年里，他依旧跟当初一样害羞、木讷，但对她却是真的好。有他会傻傻地问："你爱我什么呢？"她便逗他："你才华横溢啊！你英俊潇洒啊！"

他对这个答案显然不满意，于是恳切地让她说出真实的缘由。她认真地想了想，便说道："记得当初刚进大学的第一次聚会，当时你就坐在我身边。你忸怩、不安，表现得极其糟糕。而且后来在续水时，竟在慌乱中将水瓶的木塞掉到我的茶杯里，大家都笑你，而你则羞得再也没敢抬头看我一眼。"

他似乎也回忆起当年的许多事情，接着说道："那次，我尤其不能原谅自己的是，后来吃饭的时候，竟然笨手笨脚地把菜汁弄到你的丝巾上。后来我自己逛了好多家店，托外地的朋友帮忙看有没有一样的丝巾，可最后还是没找到。"

"对呀，为此，你还特地做了一张蹩脚的卡片，跟我说了好多对不起。每次我看到那种卡片，都会发笑，因为它实在是太不美观了。"她接着说道，"不过，也正因为这张卡片，我看到了你真心的歉意，或许还带有一丝真挚与温柔。"

每个人都有自己表达爱的方式。一张自制的卡片，让他不战而胜、击败情敌无数，收获了一位让自己为之骄傲的女性一生的情感和美丽。

4 懂得珍惜和照顾女人

懂得珍惜和照顾女人的男人,是有责任心、懂得担当的男人。他们懂得妻子是一个男人一生的责任,需要用心去呵护。

张涛在妻子怀孕的前几个月,没有做到一个丈夫的责任。这期间的女人相当脆弱,但张涛的妻子不但没有享受到其他孕妇的那种待遇,甚至去医院做检查,都是自己搞定。妻子心中对他充满了怨恨,甚至希望老公被公司裁员。

巧的是,由于公司战线调整,张涛在年后几乎处于半退休状态,收入的大头也没了。但就是在这个时候,让他明白了自己以前忽视了妻子是多么不应该。

有一天,张涛看着妻子走在前面,顶着个大肚子,一步一步爬楼梯,特别的艰难。当时张涛的眼泪水就掉下来了,内心充满了自责。因为在此之前,妻子作为一个孕妇,都是自己提着蔬菜水果拎上楼。

不过这下好了,张涛终于有了空暇的时间来关心身边的人。张涛不担心自己可能被迫失业的问题,他忽然明白,如果自己此时为了事业,不陪在老婆和未出世的孩子身边,那一定会后悔一辈子。

这之后,张涛把大多数精力都放在了妻子身上,给她做好吃的,家务活统统包干,还会给未出生的孩子讲故事呢!

最怕的就是男人不理解女人的辛苦和苦闷,不知道在关键时刻给予女人关怀。要嫁就嫁"经济适用男"吧,他们懂得珍惜和照顾女人。

陆建明和李丽结婚一年后，陆建明就在公司任了高职，这之后，李丽就当起了全职太太。由于陆建明三天两头要加班，还经常出差，所以家里大大小小的事都压在了李丽身上。家里老人的身体，孩子的功课，陆建明从不担心，因为他知道妻子会照顾父母，会辅导儿子功课。

陆建明能够体会妻子的不易，因为她之前是一个药剂师，为了家庭，甘愿放弃事业。所以陆建明总是抽出更多的时间来陪妻子。或者是周末外出爬山，或者是傍晚的时候陪妻子打打羽毛球，有时还会帮妻子按摩肩膀。虽然如此，陆建明的大部分时间还是被工作占据，不过妻子已经很满足了。

不久后的一件事，打破了他俩原本的幸福生活。一天妻子洗完澡出来对陆建明说："我的脚上长了一颗黑痣，我觉得不对劲。"后来经检查，诊断下来是皮肤癌。这个结果把他俩吓懵了。

那些日子，陆建明陪她跑遍了全国有名的大医院，但所有的诊断都是一样的。并且一位很有名的医生告诉陆建明，妻子得的这种癌症的死亡率是90%！是皮肤癌中最最凶险的一种。

后来李丽住院治疗，陆建明要她活着，要她留在自己身边。没有了妻子的家变得冷冷清清，厨房里没有了热气，卫生间的马桶出现了印渍，家具上蒙了灰。用微波炉解冻、蒸饭，陆建明搞了半天不知道分别用哪一档；冲咖啡，煮速食面、热一碗汤，弄出来的味道和妻子弄的不一样；以前，她轻而易举就递给陆建明的日用品，现在翻遍了抽屉也找不到。

从她住院，陆建明就开始休公假、请事假，尽力多陪她。这时候他更加明白，如果没有一个家，如果家里没有一个体贴的妻子，男人挣再多的钱都是没用的。

不过后来，李丽还是离他而去。他后悔当初没有再对妻子好一点，没有再挤出些时间陪陪妻子。如今的陆建明想告诉男人们，好好爱惜妻子，多留一点时间给妻子，不要忽视她为你做的一切，有许多东西失去了才后悔是没有用的。

女人撑起家里的半边天，一个不懂女人的男人，只会把女人所做的一切

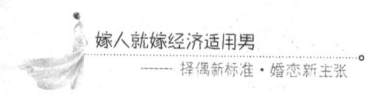

当成理所当然,他们不懂得体恤和珍惜,更不懂得什么叫做分担。嫁给懂得珍惜和照顾自己的男人,女人才不会觉得受委屈,自己的付出才会得到尊重和认可。

5
你们吵架了,总是他先让步

世界上没有不打架的两双筷子,恋爱和婚姻生活中,男女双方发生矛盾和争吵是在所难免的事情。在争吵的过程中,如果两个人都不肯让步,那么局面就难以收拾了。

通常来说,"经济适用男"即便是在极为生气的状态下,也会让自己保持理智,他们懂得在争吵的时候保持清醒的头脑、控制好自己的情绪,在事态趋于恶化之前及时叫停。

一天,妻子陪丈夫去挑选衬衫。妻子不断地拿起一件又一件的衬衫来询问丈夫:"这件不错吧?"丈夫摇头。"那这件呢?"丈夫继续摇头。"那这件怎么样?"丈夫还是不停地摇头。妻子终于忍不住爆发了,放下手里的衬衫大声的说:"这件也不好,那件也不行的,你也太挑剔了吧!"

旁边的顾客都向丈夫投来了目光,丈夫尴尬极了。但是他并没有发火,而是说了一句:"要是我不挑剔的话,当初也就不会娶你为妻了。"

一句话说得妻子的怒气全消了,美滋滋的恢复了笑容:"说的也是噢,那我们再去别的商场看看吧。"

争吵不仅会让自己陷入更加尴尬的境地,也会让夫妻俩的感情越吵越淡。聪明的男人是懂得把战火扼杀在未燃之前的,这样既不影响双方的心情,也免去了争吵过后要去丈母娘家接妻子回家的麻烦。

当战火意外燃烧起来，并有蔓延趋势的时候，"经济适用男"一般会做出如下表现：

撇开争吵，把话题引向别处。比如他有意无意的提到你不体贴人，于是你觉得冤枉，开始跟他展开讨论。然后讨论越来越激烈，发展到了争吵的地步。这时他突然说："你要是体贴的话，现在就应该去给咱俩倒两杯水，我们讨论的太久，都应该渴了。"这是，即使你火气再大，估计也再都发作不出来了，一场争吵也就就此打住了。

告诉你他的感受。一个懂得忍让的男人，会在你说的话引起他的不满或者你的语气开始有了火药味的时候，及时的提醒你。会说出一些诸如"你的火气太大了，冷静一下，我们再谈。""你说的这句话很伤人"这类的话，以得到矛盾的缓和，而不会疾风暴雨的和你舌战一场。

当男人表现出这样的行为时，一般女人都会见好就收，不再纠缠下去，乌云也就会逐渐散去。

男女之间会争吵不休，有时并不是由于导致争吵的原因无法解决，而是出于面子的问题，想要争个高下，看看到底谁最厉害。而赢得战争的一方，往往会有一种难以名状的快感。心疼妻子的好男人绝不会为了满足这样的快感，而一步都不肯退让的和妻子争吵到底。他们不在乎这样争得的"荣誉"，更喜欢把精力放到自己的事业上去。懂得在争吵时让一步的男人是宽容、是大度，也是对妻子真心的体贴和爱护。这样的男人，才更容易得到别人的称赞和尊重。

有这样两个笑话：

在车站的月台上，一对夫妻正在互相埋怨。妻子望着已经开出的次车对丈夫说："都怪你！要不是你一个劲地磨蹭，我们满可以坐上这趟火车。"丈夫没有为自己辩解，而是打趣地说道："都怪你！要不是你一个劲地催命，我们满可以不用花好多时间等下趟火车。"妻子听后哭笑不得，原本的怒气也消了。

有另外一对夫妻，妻子是个脾气暴躁的人，经常挑起家庭矛盾。一次妻子生气地对丈夫说："我嫁给魔鬼也比嫁给你强。"每次面对妻子的无理，丈夫

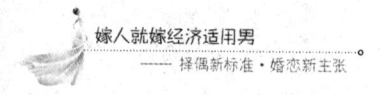

总是不予计较，而且不改往日的幽默。这次他回应妻子道："这不可能，因为近亲禁止结婚。"妻子想了想，忽然笑起来。

  吵过架的人都知道，男人的怒气往往来得快去得也快，而女人则不然，很有可能为了一次的争吵而难过郁闷好多天。而女人的大多疾病，都是由于气血瘀积所致。所以，女人在选择男人的时候，一定要选一个能够在争吵的时候提前让步的男人。至于那种在吵架的时候不仅不让步，而且还疼哭流涕、动手摔东西甚至出手打人的男人，就坚决不能考虑了。

  女人之所以选择男人，就是因为欣赏男人博大的胸怀，希望男人可以为其遮挡生活中的风雨。如果一个男人连生活中的那些因为鸡毛蒜皮的小事而引发的争吵，就要小肚鸡肠的和女人斤斤计较、一争高下的话，那他怎么去帮助女人面对漫漫长路上遇到的困难和坎坷？

6

在他眼里，你是"至宝"

他会接纳你的一切优缺点；他不会因为你做错事而大加责备；在他眼里，西施都没你漂亮；他为你感到骄傲，觉得和你在一起让所有人羡慕；总能带着热恋时的感觉去欣赏你……因为，在他眼里，没有谁能比得上你，你就是他心里的"至宝"。

一天早上，夏夏起床晚了，眼看就要迟到了。虽然家里刚买了新车，但是林海的腿受伤了，没法送她去上班。夏夏正准备出门，林海说："你自己开车去吧，路上小心点！"夏夏刚学会开车没多久，听到老公的建议还有些犹豫。但为了不迟到，还是硬着头皮开着车上了路。

一路上夏夏都小心翼翼的，车速也不敢开得太快。但是，事故还是发生了。一个冒失的小伙子开着车和她擦肩而过，在夏夏的车身上留下一道醒目的划痕。夏夏紧张极了，林海是爱车如命的人，何况车才刚买了没多久。虽然"肇事者"愿意承担一切责任，但她还是担心了一整天。夏夏心想，他一定会很生气地责骂她的。

下班后回到家，夏夏胆战心惊的向丈夫说明了原委。然后做好了接受批评的准备。谁知，林海不但没发火，还安慰她说："没事的，幸亏只碰到车，没碰到你。车坏了可以修，你完整无损就好了。"

林海的反应让夏夏既惊讶又感动，她觉得自己幸福极了。原来在老公的心中，她比什么东西都重要。

好男人就是这个样子，能把握分寸，他们的心中永远有一架爱的天平，懂得衡量什么对自己才是最重要的。把你当"至宝"的男人，能原谅你犯下的错误，会看到你身上的闪光点，他是真正爱你的好男人。

当你有不懂的问题时，他会耐心的讲解，而不是取笑你的无知；当你做错了事情时，他会安慰你、原谅你，而不是一味的横加指责。对你的缺点，对你所犯的错误，对你的唠叨，对你时不时乱发的小脾气，甚至是对你的无知，都能大度的一笑而过。让你像儿时一样无忧无虑地生活着、幸福着。

他理解你的感受，尊重你的想法，男人的爱是维持婚姻幸福的法宝，只有把你当成"至宝"，你们的爱情才不会因岁月的流逝而变得平淡、无言。

绍波和雨晴是初中同学，大概是缘分使然，他们又一起相伴上了高中、大学，后来又做了同事。后来两个人顺理成章地步入了婚姻，经过了一段时间的甜蜜期后，雨晴开始觉得生活乏味起来。也许是彼此太了解了，再加上生活在一个家里，彼此的神秘感早已消失殆尽，她开始讨厌一成不变的生活，甚至觉得每次回家那几句单调的对话都让他头疼。

绍波看出了妻子的心思，他爱雨晴，不希望她对生活厌倦，于是就准备在十一的时候和妻子一起去旅游。正好有一个旅行团在做"草原行"的活动，绍波就带着雨晴报了名。

当他们终于站到了草原上，看到一望无垠的绿草，望着头上湛蓝的天空，雨晴一下子觉得心情难以名状的舒畅，转脸望一眼身边的绍波，他正含笑注视自己。这样的感觉让雨晴忽然想起了高中时候的那次郊游，一样的感受，一样的笑容。到了黄昏，远方的碧草全被涂上了一层金黄色，正当她陶醉于这样的美景时，绍波竟然亮开嗓子唱起牧歌来。

雨晴知道丈夫的心意，知道这次旅行，这支歌，都是专门给自己的。看着快乐的绍波，雨晴明白，他很爱自己，而且一直如此。

那次旅行归来之后，他们的婚姻生活改变了很多。两人的笑声越来越多，人生也更添了几分精彩。

热恋的时候，总觉得一朵花就是一个世界。爱情是恒久的东西，美丽也是一样。但是这种恒久需要欣赏来做保鲜剂。把你当宝的男人，会用像热恋时候一样的热情去对待你，因为他不愿看到你倦怠的脸。

而我们的经济男，不仅承认彼此之间的差异，接受女人的缺点，还会用心去体会和感受女人的兴趣所至，让女人的世界不空虚，让彼此的生活更加多姿多彩。他们会用一颗至爱的心去创造包容妻子的空间，让女人感受到最完整的爱。

忘记了"纪念日"并不代表他不爱你

女人心思细腻，男人往往粗枝大叶。如果他忘记了你们的纪念日，只能说明他没有你那么心细，但心思不细腻不代表不爱你。你和他在一起不是为了那一串串的日子和数据，而是因为他从心底里爱你，只有爱你才是最重要的，如果不爱你，这些日子便没有任何意义。

但对有些女人来说，生日、结婚纪念日、情人节、相识纪念日、交往纪念日，甚至第一次约会，第一次接吻等等，这些就是爱的见证，一个也不能少。有时一味强调这些纪念日，只会让爱情变了味。

有一对夫妇，妻子是个心思细腻的人，丈夫人也很好，但就是容易忽视一些细枝末节的问题，比如妻子极为重视的纪念日。有好几次，丈夫都忘记了他们的纪念日，都是在妻子的提醒和暗示下，丈夫才想起。

今年是他们十周年结婚纪念日，妻子担心丈夫是否会记得这个特别的日子。不过这次，在妻子没有做任何暗示的情况下，丈夫却记起了这是个重要的日子。他直奔鲜花店和卡片店，让人包了一束鲜艳的玫瑰，还买了一张他精心挑选的卡片，他想她一定会喜欢的，于是他满心欢喜地赶回家。

妻子来开门，只见一束火红的玫瑰，上面还放着一张卡片。妻子心满意

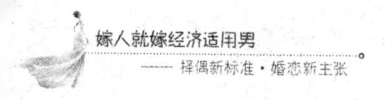

足地笑了，心想：这次他终于没有忘记这个特别的日子。她迫不及待地打开卡片，开始阅读里面的文字，看着看着，脸色忽然暗淡下来。

"怎么了？"丈夫很快感觉出有什么地方不对劲。

"没什么。"

"到底怎么了？肯定出什么事了。"

"没事。"

"我能看出来，告诉我到底怎么回事。"

"嗯……其实也不算太坏……一张生日卡片。"

丈夫有些糊涂："难道不是你的生日吗？"

"真让人难以置信，你竟然把我们十周年结婚纪念日当成了我的生日！"妻子的情绪异常激动。

丈夫惊愕地看着妻子，不知道该说什么才好。他恳求着妻子："哦，亲爱的，我犯了一个善意的错误。原谅我，给我一点时间让我想想好吗？"语气里带有几分尴尬。

"原谅你？一个善意的错误？你知道这说明什么吗？说明你根本就不在乎我，不在乎我们这个特别的日子！"妻子激动得快哭出来。

"我不是故意的，你原谅我吧！"

"你觉得在我们十周年结婚纪念日这天你送了一张生日卡给我，认为我还不应该生气吗？"

丈夫不知道该说些什么，只能一言不发的低头坐在客厅。就这样，十周年纪念日这天成了两人最不愉快的一天。

相信很多夫妇都会遇到类似的情况，丈夫的粗心大意常常让妻子感觉不到爱，妻子的指责往往剥夺了丈夫应受的尊重。男人有时难免会忘记，或者记错了纪念日，但这并不代表他不在乎你，而你的责骂和吵闹，严重时可能会将婚姻送向坟墓。

相信很多女性都有这样的经历，当你煞费苦心地布置好家里，弄好了一桌子的美味，面对下班回来的丈夫，你期待他说点什么，但他却一脸茫然，此时的你一定颇为恼火，于是你和他大吵大闹，说他不爱你了。可是你有没有想过，那个曾经为你骑车跑几公里买新鲜三文鱼回来做生鱼片的人，愿意为你做饭洗碗不怕朋友嘲笑的人，愿意在早上偷偷先爬起来做好早饭叫你起床的人，担心你夜班回来不敢走夜路晚上一直等在车站的人，在风雨中把你拉到怀里用自己的身体挡风遮雨的人，不正是眼前这个人吗？

他就是那个你爱他，他也爱你的人。为什么在平时可以让你感动得热泪盈眶的诸多瞬间，仅仅因为纪念日的那一刻就消失得一干二净？其实，他在乎你，也爱你，只是面对一个连自己生日都会忘记的男人，让他记住那么多纪念日，难免有些难为人了。

露露离婚了，她和男友恋爱4年，结婚6年，两人感情一直挺好，可因为丈夫工作的关系，很少顾得上家，而且随着职位的提升，几乎每天都是早出晚归。对此，露露抱怨过、吵闹过，但她从来不曾想到过离婚。然而这次离婚的原因说起来好笑，仅仅是因为她丈夫把结婚纪念日给忘了。由此露露断定：丈夫心里根本就没有这个家，根本就没有自己，既然这样，大家再勉强呆在一起又有什么意思呢？

不过两年后，露露后悔地说道："我竟然因为一个纪念日而放弃了我最美好的一段感情，真是太不值了。"

一个小小的纪念日竟断送了一段10年的感情，这委实让人觉得惋惜。难道这些所谓的纪念日就真的那么重要吗？重要得要用婚姻去换取？其实，任何一个纪念日都是非常外在、非常表面的东西，它本身并不代表什么。如果没有爱情作基础，再多的纪念日又有什么意思？

其实不只是纪念日，比如说他有时候会忘了随手关门，有时候忘了把看过的书放回原处……看看他在自己家里的状况你就会知道，这只是一个"坏习惯"而已，并不代表他不爱你。而且他也在慢慢的改正，只是你需要给他足够的时间。

女人不妨学会设身处地地多为男人想想，忘记纪念日并不等于他就不爱

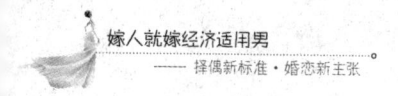

你，他也许是工作太忙了，也许是粗心，也许是有什么别的事情。总之，只要他有为家庭而努力奋斗的责任感，有一份爱你的心就够了，其他的都不是原则性的问题，不必太放在心上。

当你打算再次因为诸如此类的理由和丈夫吵架的时候，问问自己"他平时对我怎么样？为了这样的原因失去他到底值不值得。"如果实在非要过这些纪念日，那就婉转地提醒他，或是事后补过一下都可以，千万不要为此伤了感情。

他不会嫉妒你在事业上超越他

"经济适用男"是大度的，他不会介意你在事业上超越他，不会嫉妒你比他挣的钱多，他甚至觉得你多挣钱没什么不好的，会为自己有一个有能力的老婆而高兴。男方女方都是为家庭而赚钱，他不会嫉妒，只会更加努力，彼此激励着前进。

汪清是一个作家，虽然算不上大牌，但稿费也不低，足以支撑家里的所有开销。妻子杨叶在一家中型公司工作，一开始的工资不算太高，但两年后，随着职位的提升，薪金也跟着水涨船高，渐渐超过老公。

一般来说夫妻双方各自的收入决定其两人在家庭中的地位，但汪清并不介意妻子比自己赚钱多。在他心里，只要两个人还是一样的彼此尊重，一样的互助互爱，那什么问题都没有了。

杨叶还是像以前一样对待老公。虽然老公的收入比自己少，但杨叶并不因此就高高在上，而是时时理解他，处处体谅他，一如既往地表扬老公真能干。

为了让汪清有更多的时间读书写稿，妻子心甘情愿地几乎包揽了全部家务。做什么决定也总是征询汪清的意见，大事小事都由汪清说了算。认识他们的人都说汪清有福气，有个好妻子。听了这样的话，汪清心里美滋滋的。

允许你在事业上超越他的男人，开明、大度，而那些嫉妒你在事业上超越他的男人，不是大男子主义，就是小肚鸡肠。和前者在一起生活，你会感到轻松和愉快，因为你可以做你想做的任何事情，和后者在一起生活，你只会觉得心累。

孟培江和妻子在同一个单位工作，自从妻子在职位上高过自己之后，孟培江感到十分苦恼。

以前，孟培江每个月的工资比妻子多300多元。结婚后，可谓是夫唱妇随，家里有一点小事，妻子都要打电话向他请示后再做决定。用孟培江的话说，家里的事全是他做主。

可当妻子职位比自己高后，虽然工资相差不多，但孟培江却逐渐自卑起来。有时看见妻子在单位笑，都觉得那是炫耀的笑，心里很是不高兴。

其实妻子并没有因为职务的升高而对丈夫多了颐指气使，反而更加注意给足丈夫面子。两人外出尤其是许多朋友一起玩儿需要付账时，妻子绝对会给丈夫留足面子。当妻子看上一件什么东西时，总是先征求孟培江的意见，有时还特意对他说："你给我买一个吧！"

但孟培江心里还是不平衡，对妻子越来越冷淡。妻子怎么也想不通，"难道女人挣钱比男人多，反倒理亏气短了不成？"常常被气得头痛、失眠、烦躁不安。

按理说，妻子收入增多是件好事。这不仅可以证明自己找了一个能干的妻子，还可以缓解家庭的经济状况，提高生活质量。可那些大男子主义的丈夫，偏偏就是想不通，认为从古到今只能是男人比女人职位高，赚得多。有些男人更是强调妻子收入增加后人变了，其实有时候妻子并没变，是丈夫变了才对。

有些男人看到妻子挣钱比自己多，就认为自己不如妻子，从而产生自卑感。在与妻子相处时一反常态，要么处处迁就妻子，在妻子面前低三下四，要么随意干涉妻子的生活，专横霸道，其结果都会引起妻子的不满。还有的看到妻子挣钱比自己多，就主动放弃了自己的理想和追求，失去上进心，结果被妻

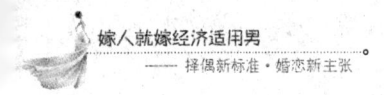

子看不起。

真正大度的男人根本不会在乎双方的职位、薪金高低，他们在为自己有一个能干的妻子感到庆幸的同时，也会用工作成绩证明自己的能力，甚至当起妻子事业上的"参谋"。嫁给这样的男人，你会放心地发展自己的事业，根本不用担心自己的事业会受到家庭的牵绊。

9

他对你的尊重是最真的爱

"经济适用男"通常没有那种传统的大男子主义，他懂得尊重你，不会强迫你去做你不爱做的事，不会没经过你同意就擅自做出决定，不会找任何借口来做出一些对你不公的事。他尊重你，才表示他重视你，所以一个好伴侣的基本品性，就是尊重。

李春晓的男朋友是一个典型的大男子主义的人，一开始李春晓还很欣赏他，因为他给自己以安全感，在他身边就像小鸟一样，而且什么都不用自己操心，去哪吃饭，去哪玩，他都会全部决定好。

但直到那次，李春晓才知道找这种男朋友的坏处。为了在圣诞节的时候给男友一个惊喜，李春晓特意去烫了头发。等欢欢喜喜去赴约时，男友发现她烫了头发，脸色立马由晴转阴，于是有些不悦地说："你要烫发为什么不提前跟我说？""人家想给你一个惊喜嘛！"李春晓撒娇地说道。没想到男友没好气地说："你看看你那破头，跟方便面似的，看着真难受。"

说完后自顾自地向前走去，李春晓生气极了，心想：真是好心没好报，提前告诉你不就没惊喜了吗？再说连烫头发这么小的事也要管，真是太专横了！为什么不考虑一下我的感受？

还有一件事也是李春晓受不了的，那就是男友不喜欢她交异性朋友，连异性朋友打个电话他都会不给好脸色看。相比之下，他自己却有许多异性朋友。当李春晓不满时，他会说："我你还不放心啊？"李春晓心想：真是只许州官放火，不许百姓点灯。

男友不会顾及李春晓的感受，她开始后悔找了这么一个大男子主义的朋友，她不明白为什么自己付出了这么多，连想让他顾及一下自己的感受都不可以。

不懂得顾及对方感受的男人，就是不懂得尊重他人。大男子主义的人做任何决定都会忘记把你考虑进去，而且往往会因为你的擅作主张而觉得你是不尊重他，所以他希望你事事都和他商量，经过他的允许。殊不知，在你尊重他的时候，他却剥夺了你被尊重的权利。每个人都是自由、平等的，都有权决定自己想做什么不想做什么。

殷毅强是军人出身，虽然戎马一生，在外面挣足了面子，但在家中，他却是一个"没有原则"的人。

别人都说他"惧内"，但他并不介意，他知道妻子为整个家付出了太多，所以做什么决定都会过问妻子的意见，而且只要自己有空，就会帮妻子分担家务。他的战友都笑话他，说他身为男人一点原则都没有，连家务活都干，看他说："妻子和丈夫在家庭中扮演的角色一样重要，妻子能做的，我为什么不能做？"用他的话来说，只要不影响工作，有什么原则可言？

而且殷毅强对妻子的话基本上是言听计从，只要妻子说得有道理。他们夫妻俩相处得很融洽，彼此欣赏，彼此吸引，结婚多年仍然有新鲜感，生活平和但不平淡，两个人干什么都要在一起，彼此都会注意对方的感受。

爱情如同一座房子，没有了尊重，一切的理想条件——温柔、体贴、有钱、有责任感、有男子气概等，都只是屋内的壁画、雕饰、灯具、地板，只有尊重是支撑屋顶的梁木，没有尊重，爱情便脆弱得不堪一击，更别提遮风避雨。

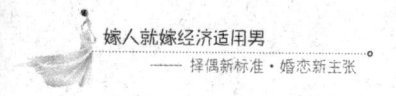

经济适用男，就是懂得尊重别人的人：他尊重你的思想和意见，也许他的想法和你不同，但他还是会认真听取你的意见；他尊重你的朋友，不干涉你们的聚会，给你自由交友的权利；他尊重你的隐私，也许他很想知道更多关于你的事情，但当你不愿说时，他决不会强迫你告诉他。

幸福的基本条件其实很简单，就是尊重。一个女人想要让自己的爱情开出灿烂的花朵结出甜美的果实，找一个懂得尊重自己的人是最基本的条件。若你真的想试验他对你的爱，若你真的想知道他适不适合做一个称职的男朋友，只需要看他眼里有没有你，会不会尊重你。

Chapter 6

奋斗是他的标签，勤劳是他的砝码

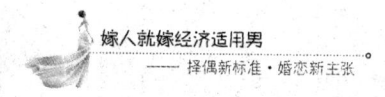

1
经济男的一大特点是有"上进心"

经济男属于社会的中上阶层,对生活有追求,强烈的上进心是他们的一大特点。他们的人生过程可以说是不断奋斗的过程,胜利与光荣是他们一直所争取的。

《我的青春谁做主》中,三位男主角一直让众多女孩津津乐道,经她们总结,周晋、高齐、方宇身上其实有很多相似的闪光点,其中一个就是他们对生活都很积极,"上进心"是这些好男人的共性。

什么是新时代好青年的共同特点呢?调查中65.8%的人认可"奋斗型,积极上进",59.3%的人认可"人品好,有自己清晰的底线",47.3%的人选择了"既重家庭也重事业"。看得出"积极上进"成为了当今女性最为重视的品质。

殷红的丈夫严绩伦在一家市级电视台做主持人,经过几年的历练,丈夫成为了当地小有名气的一线男主持。在观众眼里,严绩伦是备受崇拜的,在电视台领导眼里,严绩伦是可造之材。

不过严绩伦并没有满足当下的成绩,而是希望自己能继续深造。他告诉妻子,自己想辞职去美国留学。妻子没有反对,她虽然知道丈夫在事业最明亮的时候激流勇退,意味着他要放弃目前所拥有的一切,包括触手可得的美好未来。但殷红还是十分支持,因为她不希望看到老公一直守着固有的成绩止步不前,一个男人就应该向前看。

殷红鼓励丈夫说:"宁可在尝试中失败,也不能在保守中成功!"严绩伦更加坚定自己的选择了。几个月后,严绩伦开始了他的留学生涯。

几年后严绩伦回国，他已经成为了一个更加富有魅力的男人，后来他的事业更加如日中天。妻子知道，一个拥有上进心的男人，未来的路会越走越宽，一定会大放光彩。

拥有上进心的男人有无限光明的未来，和这样的男人在一起，你不用担心他们的前途，也不用发愁会有落魄的那一天，因为即便他被裁员，他也绝不会服输，肯定会东山再起。如果你有相当的眼光，在他还不是经济男之前，你也会把他抓住，因为这样的男人通过奋斗，会有出人头地的一天。

出生于湖南汨罗市的李德辉1981年高考考上了湖南师范大学，但由于家庭贫困，只好放弃读大学的机会。他开始在家务农，后来便在当地做起了代课教师。

1990年，李德辉和周林跃一见钟情，后来两人喜结良缘。婚后妻子周林跃在家编织箩筐添补家用，由于丈夫把很多时间都用在了教学上，家里的家务、种田的活都由妻子一个人承担。

儿子出生后，日子更加清贫，李德辉想通过知识改变命运。他对当年没能上大学颇为遗憾，在妻子的支持下，李德辉开始准备自考课程。李德辉除了每周在学校教书，还得挤出时间将一周的自学内容全部掌握。通过艰辛的学习，1991年10月，李德辉考过了汉语言文学专业的大专自考课程，3年后又取得该专业的本科文凭。

李德辉还在继续前进。1995年，李德辉又通过自学考上了湘潭大学中国古代文学专业的研究生。为了照顾丈夫，周林跃当起了陪读。妻子的激励让丈夫备受鼓舞，他继续在学术的道路上往上攀爬。1998年7月7日，李德辉收到复旦大学中国古代文学博士学位研究生录取通知书。在看到通知书的那一刻，李德辉哭了，周林跃也哭了。

后来李德辉在湘潭师范学院正式开始了从教生涯。从一位农民到复旦大学的博士毕业生，再到湖南科技大学教授、中国古代文学研究生导师，李德辉还成为唐宋文学方向学术带头人，而这所取得的一切，没有一颗进取的心是无法达到的。

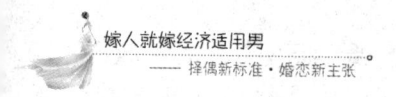

男人能达到的人生和事业的高度，往往跟他们的进取心成正比。某大学教师元雄认为达到自己的目标就是成功，他说："去年我的计划是买套房，实现了；今年我的计划是申请一个项目，考博士，还有生小孩。计划正在一个一个地实现，我觉得这就是成功。"目标清晰，一看就是个有追求的人。和这样的男人结婚，生活不但有保障，而且会过得越来越好。

如果给你两个男人，一个人是上市公司的老总，然而谈吐无趣，对生活也没有其他的追求；另外一个是一般的中上层白领，有梦想有追求。你会选择哪个？相信你心中已经有了一个清晰的现代成功男士的标准。

工作勤勉努力，是老板眼中的好职员

古罗马人有两座圣殿：一座是勤奋的圣殿，另一座是荣誉的圣殿。必须经过前者，才能达到后者。勤奋是通往荣誉的必经之路，只有勤奋塌实地工作才是最高尚的，才能给人带来真正的幸福和乐趣。

有些男人有出众的才华，但却不适合做老公，因为他在工作中总是投机取巧，发展空间自然有限。只有那些工作勤勉努力的人，才有发展前途，因为老板会将他们的努力记在心中。

卡洛·道尼斯刚去杜兰特先生的公司上班时，只是担任很低微的职务，不过他是个相当勤奋又肯吃苦的人。一开始他就注意到，当所有员工都下班后，杜兰特先生仍然会留在办公室工作到很晚。

为了随时为杜兰特先生提供协助，道尼斯每天到了下班的时间仍然不走，而是留在办公室看资料。虽然没有人请他留下来，但他认为自己应该留下来。

一段时间以后，杜兰特在需要帮忙时，总是发现道尼斯就在他身旁，于是他养成了随时随地招呼道尼斯的习惯。久而久之，道尼斯赢得了杜兰特的信赖,也成为了杜兰特离不开的好帮手。

之后,道尼斯成为了杜兰特先生的左右手,而且是杜兰特手下一家汽车经销公司的总裁。他之所以能够在很短的时间升到这么高的职位,和他的勤奋、吃苦是分不开的。

勤勉努力的品质是每个老板都欣赏和喜欢的,拥有这样品质的人,走到哪儿都会受到欢迎和重视。

肯吃苦也许首先就意味着默默无闻、勤勤恳恳地工作,意味着早上同事还没到,就开始打扫办公室,意味着要做大多数人不情愿做的跑腿的活儿,意味着下班了同事们都迫不及待地奔出单位,自己却毫无怨言地留下来希望多完成一点工作。

工作态度关乎到前途,当今职场就是战场,升迁的机会靠男人自己去把握,只有对待工作兢兢业业的人,鞠躬尽瘁的人,才能赢得更多升迁的机会。而那些深怕自己吃亏了、多做了事的人,得到的将会是另一种结局。

在柯金斯担任福特汽车公司总经理期间,一天晚上,公司临时有重要的事情,需要全体员工协助,所以急需发通告信给所有的营业处。不过当柯金斯安排一个做书记员的下属去帮忙套信封时,那个年轻的职员一脸傲慢的表情,并对柯金斯说道:"这不是我的工作,我不干!我到公司里来不是做套信封工作的。"

柯金斯当时极为气愤,但他仍然努力让自己保持平静,最后,他对那位职员淡淡地说了一句:"既然这件事不是你分内的事,那就请你另谋高就吧!"

对于一个在公司关键时刻,不肯牺牲自己一点点的时间,站出来帮忙的人,永远无法得到上司的青睐。那些纵横职场取得成功的人,除了尽心尽力做好本职工作以外,还会做一些分外的工作,并且毫无怨言,这样的人最受老板的重视和认同,从而升职和加薪的机会也就随之而来。

竭尽心力,努力做到完美,是成功者的标记。大凡有所作为之人,都是那

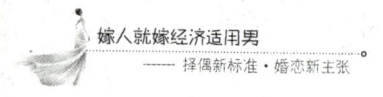

些做事努力，一丝不苟的人。嫁给这样一个对工作认真勤奋的人，你们的生活会越来越好。

3
把忠诚当做是一种能力来提高

一直以来，我们都仅仅把忠诚视为一种品德，但忠诚不仅仅是一种品德，更是一种能力，而且是其他所有能力的统帅和核心。

如今，许多优秀的企业在选拔人才时，已经把忠诚排在第一位。如果被认定是忠诚度不足的人，哪怕你拥有一百个博士学位，拥有一千项成功案例，都可能不会被聘用，因为一个缺乏忠诚的人，不可能为企业所用，而且，这样的人一旦背叛企业，企业遭受的损失可能无法估量。所以，忠诚，已经成为职业场上的第一竞争力。经济男们深深懂得这一点，所以他们会努力提高自己对企业的忠诚度。

两年前，一个中型印刷厂的财务部招进来一个叫哈瑞的年轻人，他对印刷业毫无经验，但他却是位好会计，也是位受所有人欢迎的好员工。

他工作积极主动，待人真诚，经常义不容辞地帮助同事们，每一位新雇员加入后，他都会帮助他熟悉环境、建立信心。在工作上他尽心尽职，对公司也鞠躬尽瘁，可以说哈瑞拥有出类拔萃的品质。

在哈瑞刚来公司的时候，他针对公司人员流失严重的情况拟定了一个特殊的计划，最大限度地利用现有的人力资源，这个计划非常奏效。除此之外，他还会关心其他部门。他为生产部作了一份详尽的资金预算，说明投资3000美元购买新机器将得到如何的回报。

当公司业务陷入低谷时，哈瑞又站了出来，他对业务经理说："我对业务不太熟悉，但是我想试着帮个忙。"他提出了许多构想，帮公司完成了几笔大业务。

一年半后，印刷厂的经理退休了，哈瑞毫无悬念地成为了接班人，被任命为公司的新经理。这位退休经理说道："哈瑞并不是专门在我面前表现自己，他纯粹是把公司的事业当成了自己的事业。"

把公司的事业当成自己的事业，把公司的事当成自己必须的义务，这样的员工，忠诚度绝对有百分之二百。企业的接班人不选这样的人，还能选谁呢？

以忠诚对待别人的人，势必可获致对方的喜爱甚至是青睐。尤其在职场中，上司颇喜好忠诚的下属。忠诚能力是其他所有能力的统帅。如果一个人缺乏了忠诚，其他所有能力都将失去用武之地。即使学识才能俱佳并且干劲十足，如未能对上司表现出忠诚不贰，则很难获得其重用与提拔。

一家著名公司的人力资源部经理说："当我看到申请人员的简历上写着一连串的工作经历，而且是在极"短"的时间内时，我的第一感觉就是他的工作换得太频繁了。频繁地换工作并不能代表一个人工作经验丰富，而是说明这个人的适应性很差或者工作能力低，如果他能快速适应一份工作，就不会轻易离开。而且，最为关键的是这个人的企业忠诚度也相当低。没有哪个公司的老板会用一个对自己公司不忠诚的人，我们需要忠诚的员工。"

老板知道，员工的不忠诚会给企业带来什么。只要自下而上的做到了忠诚，就可以壮大一个企业，相反，就可能毁了一个企业。

企业首先不会给你什么，只有你给了企业绝对的忠诚，企业才会给你物质和精神回报。所以说忠诚是回报的前提。离老板越近的人，是忠诚度越高的人，只有越得老板信任的人，才越可能获得稳定的职业和稳定的回报。

艾柯卡曾在福特汽车公司面临重重危机之时走马上任，他大刀阔斧进行改革，使福特汽车公司最终走出了危机。虽然后来福特汽车公司董事长小福特因嫉妒排挤艾柯卡，但艾柯卡却说："只要我在这里一天，我就有义务忠诚于我

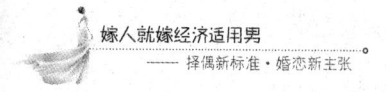

的企业，我就应该为我的企业尽心竭力地工作。"

虽然后来艾柯卡离开了福特汽车公司，但他的管理能力和人格魅力却征服了所有员工。"无论我为哪一家公司服务，忠诚都是我的一大准则。我有义务忠诚于我的企业和员工，到任何时候都是如此。"艾柯卡这样说。

企业需要忠诚的员工，因为忠诚，员工才能尽心尽力，尽职尽责，敢于承担一切。任何时候，忠诚永远是企业生存和发展的精神支柱，这是企业的生存之本。只有忠诚于自己的领导和企业的员工，才有权利享受企业给个人带来的一切。

经济男会把忠诚当成一种能力来提高，他们懂得，如果在职场中，如果想赢取上司的钟爱、信任与重用，视自己为心腹或得力助手，就必须对企业和上司忠诚，这将使自己得到莫大助益，使自己在职场上一帆风顺甚至扶摇直上。

4
他勇于尝试和冒险

戴尔·卡耐基曾说：整个生命就是一场冒险。走得最远的人，常是愿意去做，并愿意去冒险的人。"稳妥"之船，从未能从岸边走远。所谓十拿九稳的事情，往往是竞争最激烈的时候，也是回报最少的事情。

风险与收益结伴而生，高风险意味着高回报。只有敢于触碰风险的人，才能尝到巨大的甜头。人生无时无刻不是处在风险的浪潮中，敢于和浪涛搏击的人，才有机会站在胜利的浪尖。经济男们敢于去尝试、去冒险，他们知道只有大胆走出去，才有更多赢的机会。

1987年，李国庆从北京大学毕业后，被分配到了当时颇为热门的国务院发展研究中心。两年后，他开始下海经商。在经历了一无所有、摸爬滚打的艰辛创业时期后，他终于在图书出版领域有所作为。但多年的经商并没有带来他所期望的成就，李国庆总是觉得自己没有把全部的精力和创造力都施展出来，他在寻找一条快速发展之路。

1996年，李国庆在美国认识了华尔街的商界精英俞渝，三个月后两人闪电结婚，第二年俞渝回到国内。回国后，一位投资商告诉俞渝近年来办网站在中国越来越火，在投资商的鼓动下，又凭着自己睿智、机敏的判断，俞渝觉得这是一个可以抓住的机会。

世界网络图书零售巨头亚马逊的成功，给了俞渝灵感，她想要将亚马逊带到中国，成立一个网上中文图书音像超市。

她把想法告诉丈夫李国庆后，鼓励丈夫尝试这种新兴的网上购书模式。在中国毫无先例的情况下，这样做是需要冒很大风险的。中国有多少人使用互联

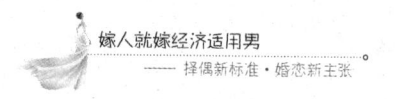

网？使用互联网的人会买东西吗？配送怎么解决？信用卡问题怎么解决？怎样进行网上支付？这些都是问题。

李国庆和妻子深入地想过这些问题，对有些问题有一些解决方案，而有些问题根本就没有解决的方案。但李国庆还是大胆尝试，最终走上了这条道路。

1999年，夫妇俩一起开始了当当网的创业。如今的当当，是一个多元化管理团队的"大卖场"。现在，当当已成为中国最繁忙的音像、书籍和音乐网站，"响当当"地为广大读者奉献一份丰盛的大餐。如果没有李国庆的大胆尝试，也许就没有今天的当当。

从当当的创富历程中我们可以很清楚地发现，大胆尝试给了这些先行者丰厚的收获。正是有了敢于冒险的精神，才让李国庆赢得了比别人更大的收益。风险似水，既能载舟，亦能覆舟。不要只会捡海边的贝壳，扬帆出海，才有更多的鱼。

丹麦著名哲学家恺郭尔说过："冒险就要担忧发愁；但是，不冒险就会失落自己。"稳扎稳打，步步为营固然不错，但是求稳也不能失进取。经济男们相信，在做事过程中，特别是在做开拓创新的事业过程中，冒一些险是值得的。

一次，长沙的唐先生去广东玩，看到许多人聚集在一个叫贞智美服饰的商店门口抢购，当唐先生了解到这个品牌的服饰有很好的市场时，拿出自己和妻子攒了多年准备买新房的钱，加盟了贞智美服饰公司。

由于长沙还没有这种类型的服装店，很快，唐先生的生意就火爆起来，还在当地出了名。当记者采访唐先生的成功之道时，唐先生说："韩国的贞智美服饰在中国大中城市的发展速度很快，其市场定位也符合中国消费者的口味，价钱还不贵，所以我觉得这是个很不错的机会，当时也没人做，我就想冒险一试，没想到结果很成功。"

机会从来不会等待任何人，当机立断，该出手时就出手，才能抓住成功的机会。永远没有万事俱备的时候，即便有，那时再开始行动也已经晚了。敏捷、坚毅、决断的力量，是一切力量中的力量。经济男们会在审时度势后，迅速出击，敢拼的人生才充满活力，敢同命运之神一赌的人生才精彩纷呈。

当然，他们在冒险的时候不会丧失理智，他不会忘记把可能的损失、代价考虑进去。总之，他们既敢于冒险，又会尽量减少风险成本，这就是他们的成功之道。

5 他对工作永远保持热忱

爱默生说过："有史以来，没有任何一件伟大的事业不是因为热忱而成功的。"热忱的人拥有一颗激情的心，他们不畏困难，敢于挑战，所以他们会不断迈上成功的台阶，成就自我的价值。

一颗热忱的心是吸附成功的强力磁石，所有成功的人都必定具备这一特质。如果把人比作是一辆汽车，那么热忱就是汽油，有了它，汽车才能飞驰奔向终点。而经济男，正是拥有这一"汽油"的人。

当人问道一个年轻人他现在生活得怎样时，年轻人回答说："我现在完全为我的工作所陶醉了，我简直不能自拔。每天早晨，我都十分渴望能够尽快地投入到自己的任务中，而当晚上放下工作时，我会感到十分的惋惜，就像一个天生的画家，在黄昏到来之时，会为自己不得不放下画笔而遗憾。"

一个对自己的工作如此热情的人，他的未来根本无需担心。爱尔伯特·马德说："一个人，如果他不仅能够出色地完成自己的工作，而且还能够借助于极大的热情、耐心和毅力，将自己的个性融入到工作中，令自己的工作变得独具特色，独一无二，与众不同，带有强烈的个人色彩并令人难以忘怀，那么这个人就是一个真正艺术家。"

经济男会对工作永远保持热忱，敢于在工作中求新、变更、否定、突破，从而积极主动地在困难中摸索办法、在挑战中抢抓机遇、在曲折中发现捷径、在差距中奋起直追。这样一个人天生有强烈的责任感，会专注于自己的本职工作，自觉地去学习、去探索、去创造、去奋斗，甚至勇于去承担更大的使命，不断激活自己的智慧、潜能，最终一步步走向成功。

一个汽车修理工有一次领了薪水，就兴致勃勃地到一家他一直十分向往的高级餐厅吃饭。但穿着的寒酸让这位年轻人遭到了冷遇，他在餐厅里呆坐了十几分钟，竟没人来为他点餐。最后，一个男服务生看到他独自一人坐了那么久，才缓缓走到桌边，将菜单粗鲁地丢到年轻人桌上。

年轻人刚打开菜单，看了几行，服务生就用轻蔑的语气说："你只适合点这一页的菜（那是这家店里最便宜的菜）。"

看着服务生满是不屑的表情，年轻人非常生气。恼怒的他想证明自己能吃得起昂贵的大餐。事实上他的确吃得起，但如果点了，那之后的生活就没有着落了。不得已，年轻人咬了咬牙，只点了最便宜的一个菜。服务生带着嘲笑的表情，傲慢地收回菜单转身走掉。

走出饭店，年轻人冷静下来，他在心中反问自己：为什么我总是只能点自己吃得起的食物，而不能点自己真正想吃的大餐？于是他当下立志，一定要成为富有的人，能随心所欲地吃自己想吃的东西。

从此之后，年轻人对工作充满了激情，不断朝着梦想前进，最终，他由一个平凡的修车工人，逐步成为叱咤风云的汽车大王。这个年轻时受到侮辱的人就是亨利·福特。

对工作的热忱能改写一个人的命运，能把看不见的梦想变成看得见的现实。你的热忱有多热烈，就能爆发出多大的力量，就能克服多大的困难，就能突破一切的不可能。当你有足够强烈的欲望去改变自己命运的时候，所有的困难、挫折、阻挠都会为你让路。

爱迪生在他80岁高龄的时候，仍会在实验室里工作一整天，晚上还要回到自己的书房里读二、三个小时的书。这与他对发明的极大热情是分不开的,所以爱迪生一生中有1100多项发明,他说:"没有热情,任何伟大的业绩都不可能成功。"

许多人之所以无法取得成功,不是因为他们能力不够,而是缺乏热忱。他们做事时往往虎头蛇尾、有始无终,做事的过程也是东拼西凑、草草了事。譬如他们看准了一项事业,一开始信心满满地做下去,但刚做到一半又觉得没有动力,于是以失败告终。缺少恒久的热忱,事情便无法完成。只有对工作保持热忱的人,才不会被淘汰。

嫁人就嫁个有梦想的男人

没有梦想的人是盲目的,生活是没有方向的,甚至是得过且过的,嫁人一定不能嫁这样的人,和一个没有梦想,没有追求的人生活在一起,生活将失去激情。

只有锐意进取,不懈奋斗的人,才有可能登上梦想这座高而险的山。而只有怀揣梦想的人,在遭遇挫折的时候,才能如暴风雨中的海燕,依然顽强地飞翔。嫁给一个有梦想的男人,你的生活一定会活得充实而精彩。

张瑛和马云是大学同学,后来两人成为夫妻。虽然马云其貌不扬,但张瑛觉得他是个聪明且很有想法的人:组建杭州第一个英语角、为外国游客担任导游赚外汇、四处接课做兼职……就是这样一个对生活充满激情、充满梦想的男人,深深吸引了张瑛。

毕业后,马云在大学当英语老师。1991年,马云决定辞职转而到商海搏战。一开始,马云和朋友开了一家翻译社,在经历过异常惨淡的经营后,翻译社逐渐扭转局面，渐渐成长为当时杭州乃至浙江省最大的翻译社。

  1995年初，马云去美国出差，首次接触到互联网。敏感的马云意识到：互联网必将改变世界！于是他萌生了一个想法：做一个网站。在绝大部分中国人对互联网还十分陌生情况下，马云就已经梦想着要用互联网来开公司盈利。

  回国后，马云立即投身互联网，妻子张瑛也陪着丈夫东拼西借地凑出创业资金。一开始就面临不顺，除了妻子支持自己，其他人都反对。但马云不是一个轻易就认输的人，他一定要实现用互联网开公司盈利的梦想。

  多次波折后，2000年底，马云终于凭借电子商务网站阿里巴巴掘到了第一桶金。丈夫终于迎来了事业的春天，张瑛对此也高兴不已。此后马云的事业越来越顺。阿里巴巴成为一口吞下雅虎中国的巨鲸，此外它还是中国唯一一个可以与美国微软、GE、沃尔玛匹敌的企业。

  人生就是一个巨大的迷宫，许多人容易在里面徘徊，但有梦想的男人丝毫不惧怕一次次的失败，因为有梦，所以他们一定会有找到出口的那一天。

  相比那些漫无目的生活着的人来说，有梦想的人活得更加精彩，因为他们懂得奋斗，懂得前进。嫁给一个有梦想，敢想敢干，不轻言放弃的男人，将是你一生的福气。

  18岁时，陈天桥就考入上海复旦大学经济系。大三的时候，陈天桥就修满了学分，从复旦大学经济系提前一年毕业。毕业后陈天桥顺利地进入了上海陆家嘴集团工作，由于在大公司有优势，所以陈天桥比一般人更早接触到互联网。

  这一接触可就一发不可收拾，陈天桥爱上了玩网络游戏，趁老总不在的时候，他就偷偷玩网游。后来仅靠办公室偷玩一下实在不过瘾，干脆买台电脑回家。每到周末，他就会玩个天昏地暗。这还不够，每逢节假日，陈天桥就会呼朋唤友把朋友叫到家里来一起"操练"，通宵达旦、挑灯夜战是家常便饭。

  在公司，陈天桥备受老板的赏识和重用，98年的时候，组织上要安排陈天桥的上司王安德去浦东新区做分管经济的副区长。王安德希望陈天桥跟随自己，还许诺说："如果你选择投身仕途，就有可能成为全上海最年轻有为的区长秘书，前途不可限量。"但陈天桥婉言谢绝了："谢谢您，但那不是我的理想。"

陈天桥的理想是什么？自己创业，并且是自己热爱的网络游戏。于是他和妻子两人一起辞职，带着以前在股票中赚来的50万元资金，租了一间不足10平方米的小屋，开始了创业。

1999年12月，陈天桥靠着50万元的资本，注册了盛大网络发展有限公司，开始运作stame.com。在陈天桥的努力下，2000年，他拿到了中华网300万美元的投资。夫妻两人的共同经营，使得公司迅速发展壮大。后来因为顺利拿到了《传奇》的代理权，盛大一夜之间火了。

如今的盛大已经成为目前中国最大的网络游戏营运商，陈天桥还在2004年的胡润IT富豪榜上位列榜首。

一个有梦想的男人，是积极上进的，嫁给这样的人，你的生活也会充满激情。人生犹如一段"长跑"，有追赶的梦想和目标，那个人才容易成为跑在最前面的人。在朝着梦想前进的过程中，一个人的潜能和激情都会得到最大的释放，而这样的男人，往往也是最有魅力的。

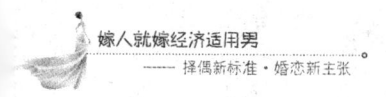

7 他会经常自我"充电"

"世界上只有一样东西是珍宝,那就是知识;世界上只有一样东西是罪恶,那就是无知。"苏格拉底曾这样说道。对于男人来说,拥有智慧的头脑,才是制胜的法宝。经济男从不会忘记对自己的头脑进行武装,他们知道在这个竞争激烈的时代,需要依靠学习知识来提升自己的竞争力。

20岁那年,汤姆进入美国福特汽车公司一个制造厂当杂工。刚开始工作不久,他就对工厂的生产情形作了一次全面的了解。每辆汽车由零件到装配出厂,这之中有13个部门的合作,而每一个部门的工作性质都不同。

他当时就想:既然决定在汽车制造业做出一点成绩,就必须对汽车生产的全过程了如指掌。于是,他决定到每个部门去工作一段时间,这样他就能够学到更多的关于汽车的知识了。

汤姆一开始做的是最基层的杂工。杂工不属于正式工人,也没有固定的工作场所,哪里有零星工作就要到哪里去。汤姆正好通过这项工作,多方接触工厂的各部门,使自己对各部门的工作性质了解得更细致。

一年半之后,汤姆申请调到汽车椅垫部工作。不久,他就学会了制造椅垫的技术。后来他又申请调到点焊部、车身部、喷漆部、车床部去工作。前后不到5年的时间,这个工厂的各部门的工作他都做过。最后他决定申请到装配线上去工作。

当汤姆确认自己能够胜任管理者的职务时,他决定在装配线上崭露头角。因为很多部门他都工作过,所以懂得各种零件的制造情形,也能准确分辨零件的优劣,这为他的装配工作提供了极大帮助,没有多久,他就成了装配线上的灵魂人物。很快，他就晋升为领班，并逐步成为15位领班的管理者。如果一切顺利，他将在一两年内升到经理的职位。

懂得为自己充电的男人，是有目标有想法的男人，在这个号称"终生学习"的时代里，故步自封的人将很快就被后来者超越，不充电的男性会很快在现代社会的浪涛中被淹没。所以明智的男性在这个变化莫测的世界，为了充实自己、强大自己，纷纷选择充电。

在这个时代，"唯一的不变是变化"，据称每隔15年，一个人掌握的知识至少会有80%会过时。在这样的时代，男性需要不断地去更新自己。

红蜻蜓鞋业的董事长钱金波就是一个懂得时刻充电的人。在红蜻蜓诞生10周年时，面对全国行业百强，全国民营企业500强，销售额达到十几个亿人民币，钱金波没有自得，而是静下心来仔细的思考这十年之中的得与失以及今后该如何走下去。

他拿着笔在纸上写下了数字"10"，忽然他看到了后面的"0"。有了！归零！昨天的荣耀昨天的辉煌已经结束了，归零就必须提出新的目标，就必须向新的目标跨越。这又是一段全新的旅途。

他告诫每一个员工，要有归零的心态，不要沉迷在过去的成功、过去的成绩、过去的荣耀之中，要放眼明天，争取更多的辉煌。

他说过这样一句话：一段距离的结束是另一段距离的开始。每一个目标都要集中精力去寻求接近，而当距离已经消失的时候，另一段新的距离开始了，又要开始新的一轮"在距离中寻求接近"。

1999年红蜻蜓开始在上海建厂。不仅因为上海重要的经济地位，更重要的是钱金波觉得上海的社交环境可以让自己思想更开阔。有一次他到上海出差，和几位成功人士交谈时总感觉插不上嘴。他渐渐发现了自己和别人之间的差距，为了弥补这个差距，他进入复旦大学的培训班学习，加入企业家沙龙，此时的他，忘掉了自己是一名成功企业家的身份，忘记了以前取得的各种荣耀和成绩，他就像一块海绵，不断地吸收着各种养分。

在上海，他的思想变得更加开阔了。但是当这段距离结束的时候，他又开始了一段新的距离。在他看来，学习的脚步永不会停止。如果一个人一味躺在过去的荣耀中，不懂得为自己增加新的知识，只会止步不前，最后将被别人远远抛在背后。

人生就像一个舞台，每一个阶段自己都有不同的角色，而每一个角色都要尽全力去演好，每一个角色也都是一次全新的旅程。不管以前获得了多少荣耀，那都已经成为过去式，只有不断更新自己的知识体系，经常为自己充充电，才不会与下一次来临的春天失之交臂。

成功的时候，有的人往往自恃很高，觉得自己做的已经够了，掌握的东西已经差不多了，但当危机来临时，才发现自己跟不上别人的脚步了，于是错失许多良机。

真正优秀的男人，总能把每一次成功看成新的开始，他们不会忘记给自己充电，他们会倒空功名，将眼光和心思放在未来，放在有可能出现的危机上。嫁给这样的男人，放心！

Chapter 6

8
他能在家庭、事业之间找到平衡点

很多女人都会经历这样一个痛苦的阶段,相恋时,你是被放在首位的。一旦结婚,你就要为男人的事业和朋友们让路,退居二线、甚至三线了,而你却依旧热情未减的"捧"着他。这种冷热差异往往令女人难以接受。

这是什么原因呢?先别急着下结论,这并不代表他不再看重你了。

男人和女人社会性的复杂程度决定了他们性格和行为上的差异。男人习惯在事业上实现自己的价值,女人则是在家庭中。结婚之后,女人会把精力一门心思的放到老公和孩子的身上,跟昔日的朋友们越来越疏远,能剩一两个知己已经算不错了。而男人却恰巧相反,家庭稳定下来之后,他们就会把大部分精力放到事业和人脉的积累上去。再加上男人爱面子、讲义气,不愿意总被朋友说成是"重色轻友"之人。于是便有了流传很广的"朋友如手足,老婆如衣服"一说。而男女之间这种差异,也经常成为家庭矛盾多发的导火索。

每个男人面前都摆着一架天平,一边是事业和朋友,一边是妻子和家庭。如果你要想不在以后的家庭生活中备受冷落,就要选择一个懂得调节天平平衡的男人来交往。

爱情和友情对于一个男人来说都不可或缺,但不能一味的追寻友情而忽略了身边的爱人。好男人懂得规划,不会让友情占据了爱情的时间。

文成最大的爱好就是交朋友,和朋友在一起总能让他兴致盎然。经常为了和朋友聚会而忘了回家的时间。所以,妻子总摸不清楚他的行踪,从结婚第一天起,就过着翘首等待丈夫归来的日子。刚开始还好,时间一久,妻子就觉得受不了了。那次他一进门,妻子的委屈就如泄洪的闸门,一股脑儿地往外涌,

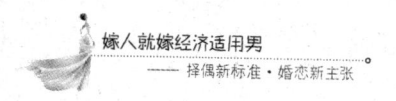

说到伤心处,眼泪也会来凑热闹。妻子一哭,文成有些慌了手脚,赶紧低声下气、好言好语的赔不是:"别哭,别哭,下次不敢再也不敢这样了!"见他态度诚恳,妻子就收了眼泪。

好日子持续了半个月之后,文成又开始过起了晚归的生活。结婚纪念日那天,妻子做好了饭菜等丈夫回来,饭菜都凉了,也不见文成的人影。妻子越想越来气,越想越委屈。哭了一场之后,将他锁在了门外。门外冷风嗖嗖,被这么一吹,文成倒清醒多了。他想想自己的行为,不免也觉得有些过分,妻子为家操劳,他说好要好好疼她的,现在却把家里当成了旅馆一样。想清楚之后,他诚恳的向妻子到了歉,保证以后一定改正晚归的恶习,早点回家。这次交谈之后,他们的生活有了质的飞跃。文成还是会时不时的和朋友们聚一聚,但更多的会抽出时间来陪陪自己的妻子,小两口的日子越发的甜蜜起来。

男人自有男人的世界,一个只爱老婆不爱事业和朋友的男人是不完整的。但是好男人在顾及朋友和事业的同时,也应该知道爱情和家庭也是生活中不可缺少的因素。其实,女人的要求并不多,她们不想剥夺男人的自由,只是希望男人在忙事业、铺人脉的同时,别忘了女人的存在,能适当的分出一些时间和爱来给她们,女人们就很满足了。

经济男懂得取与舍的关系,明白什么事情对于自己是最重要的。当一件事必须要做或一个朋友必须要见的时候,爱情应该为它们让路,这无可厚非。但是如果是无关紧要的事情,比如,和朋友出去打麻将或者喝酒到天亮,却留在女人在家独守空房,那就说不过去了。聪明的男人不会让自己犯下这样的错误。

经济男懂得把握工作和生活的平衡、事业和家庭的平衡、外界和自我的平衡。懂得把握平衡原则的男人无论在怎样的情况下,都知道该如何调节自己的生活节奏,如何体味生活中的情调和趣味。这样的男人,在生活和事业上总能保持一种从容的心态和风度。

懂得平衡事业、朋友和家庭,是一个好男人必须要具备的标准,多分一些时间来陪陪自己的爱人,才能使生活的天平不至于倾斜倒塌。

9

在事业上出谋划策，做你强有力的后盾

人们常说"一个成功男人的背后，必定有一个优秀的女人。"同样，一个成功女人的背后也离不开一个能不断支持、鼓励她，并能适时地为她出谋划策的男人。

近期，美国的一项研究结果表明，爱情幸福有助于女人减压。研究人员发现，恋爱幸福的女性体内应激素水平较低，从而能在恋爱过程中较快的从工作压力中解脱出来。而与那些处在压抑、糟糕的爱情中的女人相比，工作的效率和成功的可能性要大的多。

拥有一个好男人，有助于女人事业成功。这不仅仅表现在应激素的分泌上，更主要的是，他能在你处于工作困境中的时候做你的军师，帮你出谋划策。

李薇是公司的一名出纳，大学毕业后，就到了公司工作。两年来，都兢兢业业的干着自己的本职工作。

后来，李薇结了婚。婚后对于物质生活的要求更高了，感觉时时处处都要用钱。虽然，丈夫的收入还算不错，家里的财政都是她在管着。但是看到一起工作的同事，升职的升职，加薪的加薪。李薇还是急在心里，但又不知道该如何是好。

她每天回去都会研究一会关于自己职业的书，越看越心烦，但心烦也得硬着头皮看。

一天丈夫下班后，看到趴在桌在上使劲拍着脑袋的她，走到她身边："怎么，工作上遇到什么困难了吗？"于是李薇把自己的苦闷告诉了丈夫，

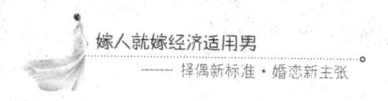

并把自己正在看的《一个出纳必备的50条素质》递给丈夫看。丈夫看了一眼书名，问：

"你们部门的经理提上去多久了？"

"也就不到两个月吧。"

"那你们公司还有没有空缺的领导职位？"

"好像没有了。"

"那有没有打算调走的领导？"

"……调走的倒没有，不过，好像财务部的老经理快要到退休的年龄了。"李薇想了想说。

"那你就去学学会计吧！"

"我？学会计？为什么？"

"你们部门的经理刚上任，肯定不可能很快就换人。而财务部的经理一旦退休，就一定得选个新人上去。这样，机会大一些。而且你是做出纳的，该学会计业不会很难。即使没有选上经理，多学一样本事也不是什么坏事。"

李薇觉得老公说的有道理，于是第二天就报了个会计班，周六周末就去学习。老公也常常在家帮她辅导，两个月之后，李薇的会计资格证就顺利的考了下来。

学了会计的李薇干起出纳的活来，更加得心应手了。在一次公司购买器械的时候，李薇凭借她多年对市场的判断力和算账能力，足足为公司节省了二十多万元。一下子，成了公司领导人都知道的精明人物。五个月后，财务部经理退休了，李薇随其自然的坐上了这把交椅。

李薇丈夫的睿智和敏锐的分析力，为她的成功搭了一座结实的桥梁。经济男在为自己的事业拼搏的时候，不会忘记助自己妻子一臂之力。

经济男明白你既要照顾家、又要工作，担负着不小的压力。所以，他会尽可能的去帮助你处理内务，以便让你可以带着更加轻松的心情去工作，有助于你取得更好的工作效益。

经济男懂得理解女人。女人能承受的东西毕竟有限，有时候会难以在工作和家庭之间很好的转换角色。当你不经意的将职场中的工作方式和习惯带到家里的时候，他会理解你只是处于一种习惯，会试着温和的和你沟通，绝不会为此而大发脾气。

经济男懂得倾听。他不会在你工作失意，向他抱怨的时候对你说："老婆，别干了，我来养着你。"而是会仔细的询问清楚情况，然后给出适当的建议。让你重整旗鼓，不断迈向新的事业高峰。

即便他做不了军师，也可以做个参谋。他可能对你的职业不了解，但是他会从别的方面给你提供方法。

有这样一个女人，她是一家贸易公司的经理，她的男人是一位小说家。由于职业差异太大，丈夫没办法为她提供解决问题的方法。但是他常常会通过一些小便笺来给她一些小小的鼓励和建议。

比如当他知道她要参加一个洽谈会的时候，会在餐桌上给她留下这样的纸条:别总板着脸，多一些笑容，给人留个亲切的好印象；当她跟他抱怨过公司的员工太愚笨之后，会在床头发现这样的话：减少对别人的批评和指责，很多时候，提醒比责骂有效。

就在这样的小小建议中，女人的处事心态越来越好，事业也越干越顺了。

对女人来讲，事业如同爱情一样，也是极其重要的东西。所以，嫁个对自己事业有帮助的男人，让他做你强有力的后盾。

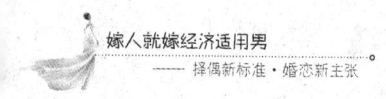

10

他会帮你实现梦想

女人一定要有自己的梦想,然后为了这个梦想去奋斗,这样的人生才更有意义。常听人说,嫁个好老公可以少奋斗十年,的确,一个好男人就是一本好书、一个好老师,他可以让你懂得很多道理,并且,他的言行会潜移默化地影响你。如果你的心中有一个美好的梦想,一个好的男人能让你在实现梦想的道路上有一种事半功倍的感觉。

李梦瑶是北京某高校法语系毕业的高材生,现在从事翻译工作,虽然现在的工作很稳定,但天性浪漫的她一直想去法国留学。来自"宝石之都"山东昌乐的李梦瑶,从少女时代就对宝石情有独钟,平时没事就爱逛珠宝店,虽然囊中羞涩,但还是乐此不疲。让她想不到的是,自己竟然会在这里邂逅法国帅哥。

那天是周末,李梦瑶来到一家刚开业的珠宝店。进门就听见了她熟悉又不常听到的法语,是一位高大英俊的法国男孩,名叫Cheney。店员不懂法语,李梦瑶便当起了翻译。

原来,男孩是来中国旅行的,明天就要回法国了,想买一付刻有中国传统纹饰的镯子,作为礼物送给自己的母亲。熟悉中法文化的李梦瑶给他介绍了一些中国独有的首饰,法国帅哥很高兴。为了回报,邀请她共进晚餐,并把自己在中国的朋友介绍给李梦瑶。

Cheney回到法国后,他们仍保持联系,他经常会寄一些最新的书和杂志给李梦瑶,鼓励李梦瑶实现自己的梦想。李梦瑶也总爱把自己遇到的新鲜事说给他听,他总是开玩笑说,李梦瑶是自己最宝贵的蓝宝石。两年后,Cheney成了李梦瑶的男友，还托朋友帮李梦瑶联系好了法国的一所大学，李梦瑶留学的梦想终于得以实现。

这个时代，"互帮互助型"的情侣越来越多，倒不是说谈恋爱要带着明确的目的，而是这是一种社会需要。能够互相帮助的两个人，交流的时候也会更顺畅，而且，这样建立起来的感情，往往是很牢固的。

女人独立是好事，但是前进的道路中难免会有坎坷和曲折。有一个好男人在身边扶持一把，会让你的路顺畅许多。男人的抗压能力一般要比女人强一些。如果有男人做后盾，不时地支持你、鼓励你，女人容易懈怠的心理就不会时常出现了。

他首先一定是一个有进取心的男人，否则，别说帮你实现梦想了，他自己都没有梦想，即使有，也很容易放弃。进取心对于一个男人至关重要，和有上进心、有目标的男人在一起，你也会被他的精神感染，和他一起努力。

其次，他不能有大男子主义的想法。很多取得一些成就的男人，总是希望自己的另一半一切都听自己的安排，不要有自己的想法。碰到这样的男人，你也只有回家相夫教子的份了，更别说让他支持你的梦想了。找一个懂得尊重你的男人，他会由衷地为你取得的成就而感到高兴，毕竟你还年轻，如果事业与爱情可以齐头并进，这不是很好的一件事吗。

最后，他必须有支持你梦想的意愿。这当然是最重要的，你不妨和他聊聊你的梦想，如果他对此很感兴趣，并且愿意尽自己所能帮你实现这个梦想，而且他也的确在某些方面可以帮助你，那么，这样的男人是可以给你幸福的。

女人们，要是不想碌碌无为的过一生，就选择一个愿意支持你并帮你实现梦想的男人吧。这样，你才能够在自己的天空划上最美的彩虹。

Chapter 7

完善的人格和讨人喜欢的性格

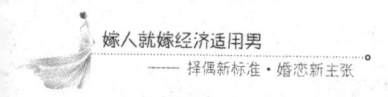

1
好嗜好，养男人，也养女人

嗜好，指特别的爱好。当今社会里，"嗜好"一词虽然多被用于贬义。但这并不代表提倡你找一个完全没有嗜好的男人，而是说，你一定要找一个有好嗜好的男人。

于娜的丈夫有一个嗜好：搜集石头。他收集来的石头把本就不太大的屋子占的满满当当，连书架上也满是那些关于石头的书籍和相册。这些石头都要经过搬运，筛选，清洗，分类，标记等繁琐的处理。起初，于娜烦透了丈夫的这个爱好，可丈夫却忙的不亦乐乎，看起来很享受的样子。每逢周末，只要是没什么其他重要的事，丈夫就会去参加那些石友们举行的各种活动。

丈夫总爱没事的时候就跟她聊聊他那些石头们的故事，于娜也从不抱怨，不爱听就不听，任凭丈夫如何兴高采烈，她都不对他的话题给出任何回应。直到有一天，于娜作为婚姻咨询师去参加一个已婚妇女的探讨会。到会的都是一些觉得自己婚姻有问题的女性，她们的丈夫要么生活空虚，没心没肺，除了上班就是睡觉，对一切都不感兴趣；要么吃喝嫖赌，样样"精通"，经常夜不归宿。

这个时候，于娜才觉得丈夫的嗜好并没有什么不好，一点一点的想起他的优点来，丈夫从来不抽烟喝酒，喜欢把屋里像处理石头一样仔细打扫的干干净净，对待她的家人也一向细致入微。尽管她对他的石头们一直都漠不关心，但他对他的爱却丝毫没有改变过。他总在朋友面前夸耀她，把她当成自己的宝贝，就如同那些他觉得最珍贵、最罕见的石头一样。想到这里，她舒心的笑了，也开始觉得那些石头们可爱了起来。

有时候，男人的嗜好是对一些东西的寄托，在他们的生命里，他们需要这样的寄托。对某种东西充满兴趣的男人，才能慢慢把你当成他们的嗜好。所以，当你发现一个男人有某方面的嗜好时，也不要急着去否定他们，如果这种嗜好是好的，就应该支持他们。

关颜有一个爱好天文学的丈夫，丈夫是个狂热的天文学爱好者，熟知每一个星座的方位，何时会出现。那是夏天，夫妻俩一起参加了一次野外露营活动，郊外的天空异常的清澈，星星特别明亮。关颜和丈夫就那样静静地躺在草地上，看着一闪一闪的星星。丈夫指着远方的一个个星座，告诉关颜怎么识别它们。还给关颜讲关于它们的一些故事。

望着专注的丈夫，看着满天的繁星，关颜觉得自己很幸福。嫁给有这么一个嗜好的丈夫，关颜觉得自己像生活在童话里一样。

拥有良好嗜好的男人，不仅能使自己从中找到乐趣和动力，也很容易感染他身边的你。如果你的生活因平淡而显得乏味无趣，那么他的这些嗜好或许会让你从中体验到新奇和乐趣，和他一起钻研，不仅能增进你们之间的感情，也很可能会让你得到一项新的技能，从而获得更多的机会和体验。于是，你的生命也就随之丰满和旺盛起来了。

但如若一个男人有诸如酗酒、赌博、爱发脾气等不良嗜好，你就要考虑尽量远离他了，嫁给这样一个"不健康"的男人，一定会成为令你一辈子都头疼的事。

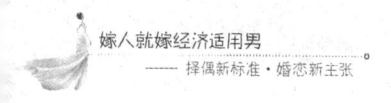

2
他的大度滋养女人的心灵

宽容豁达的男人是颇具魅力的，拥有这样风度的男人，从来不会因为一丁点小事就和女人争吵不休。和这样的男人在一起，女人可以偶尔撒撒脾气，耍耍小性子，他会把这些全当成你的可爱。

与之相反的是那种斤斤计较、小肚鸡肠、锱珠必较，鸡毛蒜皮的小事也要和人争执半天的男人，他们有什么魅力可言呢？一个小气的男人会让女人觉得头痛，一个大度的男人却能滋养女人的心灵。

一个下雨的下午，男主人正在家里会客。客人的心情似乎比较烦躁，进门的时候连鞋都没有换，地板被弄得乌七八糟的。接着还有更糟糕的，客人不停地倾诉，将烟头丢了一烟灰缸，这个时候家里的猫咪不知被什么吓到，不停地闹，结果把烟灰缸打翻了，烟灰泼了一地。

客人终于倾诉完了，这时候雨也停了，客人离开了。客人前脚刚走，女主人后脚就开门进来。今天在单位她很忙，还受了一肚子委屈，进门看到家里这个样子，气不打一处来，不停地数落丈夫："就你脏，进门鞋子也不换，叫你少抽烟，你看你看……还弄得屋里乱七八糟，那么脏，你自己收拾吧，我又不是你家请来的保姆。"

男主人什么都没有说，笑了笑就都收拾完毕了，还说："好了好了，是我不好，这不都收拾好了，饿了吧，我来烧饭。"一边说一边去厨房了。吃饭时，女主人一言不发，男主人又是给她夹菜，又是给她讲笑话，好不容易才把妻子哄得开心了些。

第二天周末，客人前来道谢，说谢谢他帮自己解开了心结。后来等客人走后，女主人问男人怎么回事，男人实话实说了。女主人这才意识到，自己错怪了丈夫，昨天的地板并不是丈夫弄脏的，烟也不是他抽的。想到丈夫被冤枉了，还主动做饭，还讲笑话逗自己开心，女主人又是自责又是感动。

从那件事以后，女人再也不随便责备丈夫，而且受丈夫的影响，女人感觉到自己似乎也变得宽容起来。

大度是一种力量，一种可以化解争执的力量。当女人无理取闹时，大度的男人也许用一个微笑，一句宽容的话语，就足以浇灭她们心中的怨气。

在家里，他们不计小节，不斤斤计较，总是"大事化小，小事化了"。即使是遇到不顺心的事，也会强装镇静，不会轻易地倾诉或者发泄。有时宁可受到妻子的埋怨，也不愿发生冲突去争辩。在工作上，他们总能忍辱负重，从不在细枝末节的事情上纠缠。

大度是是化解一切矛盾的良药，也能融解淤积的一切不快。大度的男人心胸宽广，是深沉而又从容的人。

由于快到年底了，身为公务员的饶咏芬最近压力特别大。有天因为工作的疏忽还被领导训斥，饶咏芬的心情更加烦躁了。

回家的饶咏芬看见丈夫和儿子正津津有味地在看电视，一想到自己在单位受气，回家还要伺候父子俩，心里立刻升起一股无名火，不由分说地狠狠说了他们一通。看着丈夫和儿子不解的眼神，饶咏芬更加生气了。

丈夫杨立发现老婆的情绪不对，于是对饶咏芬说："老婆，今天我来露一手，做你最喜欢吃的水煮鱼给你吃吧！"饶咏芬不理他。于是杨立立即拉着7岁的儿子一起出去买鱼。

回来的时候，杨立冲儿子使了个眼色，然后自己拎着鱼和菜走进厨房。儿子拿着一盒冰激凌，走到饶咏芬旁边说："妈妈，爸爸给你买了一盒你最喜欢吃的草莓冰激凌，他说吃了甜食你的心情就会好了。"看着懂事的儿子，望着在厨房忙碌的丈夫，饶咏芬幸福地笑了。

每次，只要自己不开心，杨立总是会想方设法地逗饶咏芬，哪怕是她冲杨

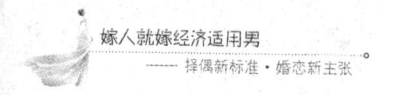

立发火,杨立也不会和她计较。因为杨立知道妻子也有烦心的时候,要上班还要照顾家里,也有累的时候,自己能做的,就是让她把坏情绪发泄出来,帮她分担一点事情。

最开始的热烈,经不起时间流逝带走的激情和浪漫,此时,婚姻生活逐渐变得索然无味。如果你的另一半是个凡事总爱计较的人,那你们一定会为大大小小的事争吵不休。而大度的男人会体恤你,会包容你的一切,你会在他博大的胸怀中体会到真爱。

嫁一个大度的男人,会少去许多没有必要的争吵和计较,你的生活会多一些阳光和欢乐。

Chapter 7
完善的人格和讨人喜欢的性格

3
温柔的男人将是好丈夫

男人的阳刚之气能显示出他的勇敢和自信，但女人也喜欢男人温柔的一面，相比女人的温柔来说，男人的温柔是深厚的，包含着更多的责任感、承诺、人生态度，是一种由内而外的深刻展示。

他用一个字呼唤你，他常把"他"写成"她"，他还喜欢给你起别名，你像他的新王朝，他叫你时，很抒情，就像从心底流出的一串串美妙音符一样；他把右手伸出来给你，请求你帮他剪指甲，因为他左手有点笨。男人求你做些小事，是男人式的撒娇，那是很可人的；你把钱包弄丢了，气急败坏地向他诉苦，他只是笑了笑，递给你一杯水。你心有不甘，他怎么能反应如此平淡？过后想想，你恢复了平静，因为他也没有问你："丢了多少钱？"；他削出来的苹果特别玲珑有致，而且果皮连绵不断。然后，你吃着苹果，还把果皮挂在他的头上，你很开心，他闭目享受，心里更开心；你正在做瘦身运动，他帮她压住脚，你汗流颊背，气喘嘘嘘，他小声说："不要太累，其实我还是抱得动你的！"

其实，不管是在婚前还是婚后，男人都是有其温柔的一面的，也许只是因为男人在表达温柔时，和女人的方式有所不同。男人的温柔是含蓄的。女人当时可能不易察觉，但事后细细体会，感动便油然而生。

周润发给广告中的女主角洗头时，笑容是温柔的；成龙张口接住章子怡喂他提子时，眼睛是温柔的；梁朝伟在《重庆森林》里对着滴水的毛巾说："你真是一条感情丰富的毛巾！"那一刻他的柔情近乎忧郁；陈凯歌面对赤足下楼

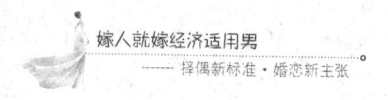

的太太陈红说："地板很凉,要穿鞋子!"这种貌似严肃的温柔,入木三分。

没有哪个女人在生病的时候,对丈夫不管不问毫无怨言的;也没有哪个女人会在受了欺负后,对丈夫的不心疼不安慰一点儿都不生气的;更没有哪个女人在做家务累弯了腰,而看到丈夫只是跷着腿看电视不气愤,不委屈的……如果你不相信,就去看看那些离婚案中的女人们,她们之所以要拼命冲出婚姻的"围城",大都是不堪忍受男人的冷漠与自负,而渴望得到男人的温柔。

李璐楠的丈夫一向对她很温柔。比如李璐楠故意无理取闹不搭理丈夫时,他总是让她尽情发泄。等到晚上睡觉的时候,丈夫温暖的大脚总是会去捕捉李璐楠冰冷的双脚,面对这样的温柔,李璐楠感动了。

丈夫去外地出差,担心李璐楠半夜醒来怕黑,所以他的手机全天候开着,为的是李璐楠随时可以找到他,听到他的声音。

丈夫会给李璐楠盖好被子,会在半夜的时候给口渴的李璐楠端来温开水,怀孕的时候常常在背后为李璐楠托腰。知道李璐楠喜欢泡热水澡,而且20分钟后,会端来杯果汁,因为这是李璐楠的习惯。

男人的温柔是一种修养,这样的人是宽厚的,从容的。这样的男人也许不善于言词,但擅长用肢体语言表达,用心为你做好每一件事,他们浑身上下散发出一种温暖的人格魅力。

女人的温柔常是低首回眸的一颦一笑,男人的温柔多是静默时的抚摸呵护。女人的温柔是风拂细柳的倾诉,男人的温柔则是蜻蜓点水的毕现。女人的温柔是一支小夜曲,低吟浅唱,尽显女人的娇羞妩媚,男人的温柔恰如一曲牧歌,在快意的抒发中,读出的多是男性的绵长。

温柔男人的一个眼神或者微笑,足以化解一座冰山,冰雪聪明的女人可以挖掘他的独特气质,如美酒,温柔入口。男人的温柔如同陈年的老酒,随着时间的推移,越发的醇香迷人,越发的珍贵。

拥有一个温柔的男人,是一个女人弥足珍贵的财富。

4 生活中，他总保持积极乐观的心态

选择男人的时候，除了要考虑物质、能力和他是否爱你等因素以外，还有很重要的一点，就是要找一个心态积极乐观的男人。

没有任何人能一生一世一帆风顺，也没有任何人能得到所有想要的东西。即使一个人再成功、再有钱，也有面临人生低谷的时候。所以在现实生活面前，积极乐观的心态绝对要比绝顶的聪明、显赫的背景、突出的成就都来得重要得多。

李嘉诚早年丧父，幼年时随家逃离战乱，流落他乡，在香港备受贫穷的折磨。一连串的打击没有使李嘉诚放弃努力，他相信凭着努力，自己一定会有出人头地的那一天。生活的拮据和艰辛使李嘉诚萌生了"我不要穷，我要赚钱"的强烈意识。

李嘉诚14岁时就走向社会，寻思如何改变现状。在强烈的求生意识的支配下，他开始了打工生涯。当学徒、做店员、搞推销，李嘉诚样样都来。功夫不负有心人，由于李嘉诚努力学习，勤于思考，不向挫折和困难低头，他在历练中发现了自己经商的天赋，最终他获得成功，成为了世界瞩目的企业家。

拥有积极乐观心态的男人不会轻易向困境低头，挫折和逆境打不垮他们的意志，摧不毁他们前行的信心。乐观的心态，使他们的生活从不缺少阳光，和这样的男人生活在一起，你的人生里很少会有阴天。

夏季来临，时而烈日高照，时而暴雨急骤。一对年轻的夫妻本打算周末去郊外游玩，哪知那天乌云密布，倾盆大雨，这样的天气不得不让他们的计划被迫取消。妻子一脸沮丧的说："好不容易有个周末，本来还想去郊外散散心，好好呼吸一下新鲜空气的，这倒霉的暴雨怎么偏偏赶得这么巧。"丈夫听后，温柔地走到妻子身边，抱住妻子的腰说："别忧郁亲爱的，就算没有郊外的好空气，还有我的微笑陪伴着你啊！不如我们把这乌云遮盖的光线当成酒会上迷离的灯光，把这轰隆隆的雷声当成低沉的乐曲，来共舞一曲吧！"妻子听后宛然一笑，便把手递在了丈夫手中，开始了只属于他俩的浪漫舞步。

生命是多彩的，狂风暴雨也是生命的一部分，用微笑来面对生活中的坏天气，即使在寒冷的冬天也会感到生活的温暖，漆黑的午夜也会看到希望的曙光。在没有温暖阳光的日子里，拥有乐观心态的男人会尝试着改变自己的心情，因为他想让你永远看到他阳光灿烂，充满活力的一面。而一个无法面对挫折和打击的男人，更多的是悲观和失望，这会给女人带来很大的麻烦。

于蓝嫁给李维的时候，他还是一家公司的部门经理。月工资一万两千，他们的生活过的很富足。于蓝一直都觉得老公是因为命相好，从他一毕业找到第一份工作开始，就一直平步青云、节节高升。李维也兢兢业业地干着自己的本职工作，不时的向妻子夸耀这自己在单位的成就和老板的赏识。

大概正应了那句"枪打出头鸟"的老话，李维的光芒终于让身边的同事觉得受不了了。在一次项目中，一位同事给李维下了个圈套，使他的项目出现了很大的亏损。老板气愤之极，不分青红皂白的辞退了给公司带来巨大损失的李维。李维知道自己是被陷害了，可是，又能怎么样呢？老板连个解释的机会都不肯给他。

李维一下子从巅峰跌倒了低谷，无法承受这样的打击，从此对工作失去了兴趣，终日与酒为伴。他一直放不下心里的怨恨，在一次酗酒之后，带着水果刀袭击了那位陷害他的同事。同事虽没死亡，却身中7刀，重伤入院。李维被警方逮捕，锒铛入狱。而于蓝除了要赔付对方医药费之外，还要苦苦独守11年。这种滋味，是旁人无从感受的。

像李维这样承受不了挫折打击的男人,即使再成功,嫁了又有什么用呢?心态好的男人,在成功之前有不断奋斗的决心,失败之后有爬起来的勇气。这样才能拥有让幸福生活常伴一生的可能。

对于没有积极乐观心态的男人要尽量远离,因为他是脆弱的、不堪一击的,一旦霉运降临的那天,他就会被打击得一蹶不振。

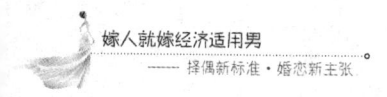

嫁人就嫁经济适用男
——择偶新标准·婚恋新主张

5
有情有义有始有终的男人能给你幸福

  有情有义有始有终的男人，从喜欢上你的第一天起，你就是他的全部。你是地球，他就是月亮，你的笑脸就是他的好心情。有了你，他不会再把视线转移到别的女性身上，服侍你是他的终身事业。遇到这样的男人，跟他一辈子，就是幸福。

  吴敏生病了，丈夫王岩刚一直陪伴其左右。一周后，化验结果出来，是癌症。丈夫有些不敢相信，但之后他很快恢复理智，无论如何一定要尽全力救治。这件事很快便传到了街坊四邻的耳朵里，一些人对王岩刚这个正值黄金阶段的男人感到可惜。

  后来，王岩刚的初恋女友跑来找他。这么多年，她一直喜欢他。消息传得很快，初恋女友也知道了王岩刚妻子患癌症的事。

  她说她已经等了他足足五年，希望他能接受她。王岩刚看出了她眼中的爱意，但他不会在这种时候离开自己的妻子。王岩刚回答得很坚决："你回吧，我不会答应你的。我爱我的妻子。"初恋女友失望地走了，这次她也许真的是彻底死心了。

  由于化疗，吴敏的头发大面积脱落，并且伴有大口大口的呕吐。王岩刚看在眼里，痛在心里，不知道该做些什么能减少妻子的痛苦。但他从不在妻子面前表露出痛苦的样子，反而坚定地告诉妻子，一定会好的。

  直到有一天，吴敏体内的癌细胞竟然消失了，她痊愈了，这真是个奇迹。王岩刚喜极而泣，他终于等到了这一天。

Chapter 7
完善的人格和讨人喜欢的性格

有情有义的男人在任何时候都不会弃你不顾，无论是在你健康美丽的时候，还是在你生病衰老的时候，因为这样的男人不但对你有爱，更有责任。和有情有义的男人结婚，你们会分享快乐，他更是会和你一起分担风雨，在最艰难的时候，也对你不离不弃。

他们的相识是在一个战火纷飞的抗战年代。在一次战役中，他受伤撤下，身为护士的她，为他包扎伤口。战争不断，他受伤不断。每次都是她精心照料他才很快康复。他被她的细心和温柔打动，她被他的英勇和坚强打动。隆隆的炮火声中，两颗心一天天贴近。

两颗年轻的心彼此相爱了，但在战火纷飞的年月里，两人不敢谈及明天，因为生命随时可能失去，而幸福不能被保证。

一次，他要参加一次大型战役，就在他纵身跃出壕沟的那一瞬，他回过头来冲她大声喊道："等我回来！"她坚定地点头，但他却来不及看见，便向前冲去。

但那次之后，就失去了他的消息。他再也没有回来，生死未明。一晃20年过去了，她已是人过中年。多少人劝她不要再痴等下去，他或许已战死战场，或许已回家娶妻生子，或许升官发财。无论是哪一种情况都是一个他不会回来的结果，她的等待已毫无意义。

对于这些，她只是摇头，她坚信他不是那种言而无信的人，他一回头的承诺经受了战与火的考验，必能经受住岁月的沧桑。

终于有一天，她等到了他。他未娶，只是因为失去了联系方式，才一直没来找她。四目相对，时光瞬间倒流到从前。他们相拥而泣，为彼此的坚守。

她在他心中从未离去，他的爱没有距离，心中有爱，无关时光的漫长与路途的遥远。有情有义有始有终的男人不会轻易说爱，一旦承诺，便一定会坚守到底。

情有义有始有终的男人不会介意为你做了什么事情，因为他已经把你的生命与他的生命融为一体了，他愿意为了你做出牺牲，懂得宽容、保护和忍让。

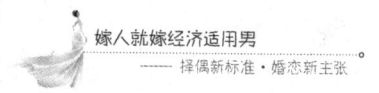

6

在你面前乐观和微笑的时候多

经济男的脾气大都很好，总是在你面前展现出自己积极向上的一面，爱对你笑，喜欢用温柔的语言问候你、关心你。哪怕是遇到什么不开心的事，也懂得控制自己的情绪，不会把不满写在脸上，把坏情绪宣泄在家中。

和刘涛在一起，朱丹茜觉得生活总是那么开心。朱丹茜最喜欢看老公笑，因为他的笑是那么的迷人。每次只要朱丹茜生气，刘涛一个傻傻的微笑，朱丹茜就生不起气来。

早晨上班前，朱丹茜有时会使坏把刘涛戳醒，跟他说："猪头，老婆要上班了噢。"刘涛从不会生气，总是闭着眼、翘着嘴，脑袋晃着寻找朱丹茜的方向，很温柔地说："恩，老婆拜拜，路上小心噢。"每每这个时候，小小的幸福感就会充满朱丹茜全身。

结婚两年多，虽然这期间两人有过分歧，有过小小的争吵，有过生闷气的时候，但朱丹茜从没后悔嫁给刘涛。小别扭是生活中的添加剂，朱丹茜喜欢这些充满情趣的小日子。

每当朱丹茜感到委屈，眼泪吧嗒吧嗒往下掉的时候，刘涛就心软了，不是温柔地在她耳边说"好了，是我不对，别生气了"，就是在朱丹茜面前做鬼脸，等朱丹茜挂着眼泪笑了，又会嘲笑她。

在刘涛工作繁忙的时候，朱丹茜会给他煮咖啡，给他端来牛奶，虽然不喜欢加班，但在妻子面前，刘涛似乎多数时候心情都很好。"老婆，过来让我抱抱。""老婆对我真好！"听到这些，朱丹茜心里美滋滋的。

一次半夜，朱丹茜推推老公，撒着娇说："老公，我渴，想喝水。"刘涛半醒着说:"恩,好,老公给你倒,夫人请稍等。"然后就踉踉跄跄起身去倒水。看着妻子咕嘟咕嘟大口喝下,刘涛体贴地问道:"还要吗?"朱丹茜摇摇头,有些感动:"老公你真好。"

朱丹茜喜欢看到丈夫的微笑,有了这微笑,生活充满阳光,一切烦恼似乎都没了。

不管在什么时候都会控制自己情绪,把最好的一面留给你的男人,带给你的欢乐会更多。情绪是一种具有暗示感染力的东西,任何一种情绪都会向四周发散,影响到他人。快乐的情绪可以带给身边的人快乐,愤怒的情绪也会让周围的人觉得憋气、痛苦。

一个优秀的男人懂得如何将情绪收放自如,在爱人的面前,一定会尽量表现得乐观,以免让对方也受到坏情绪的波及,这是爱一个人的表现。

龙源和同事一起乘车出去郊游,归来的途中,一行人真兴高采烈的谈论路上的风景,天突然下起了大雨,车子在路过一个大坑的时候陷了进去,动弹不得。大家没办法,只好一起下来推车,终于车子摆脱了困境,但龙源一行人却浑身湿透,心情也跟天气一样,由晴转阴。

剩下的路途中,大家都一脸沮丧。龙源和一个同事一起回家,走到门口时,垂头丧气的龙源并马上敲门,而是站到门口,伸出左手,摸了一下立在门边一柄手杖。大约停了半分钟的样子,他才敲门。门开后,龙源满脸微笑的冲着妻子,还高高兴兴地向她介绍了自己的同事。

同事吃过晚饭打算离开,于是龙源出来送他。同事不无佩服的说:"你真行,真会装啊,进门前还一脸阴郁呢,进了门像变了个人似的。"龙源笑笑说:"人总会遇到心情不好的事情,可是不管怎么样,我都不会将坏情绪带给我的妻子。一个人不开心就够受的了,何必让两个人都不开心呢?"

乐观,是一种积极面对人生的态度。人生要面对的风雨有很多,笑一笑也就过去了。好男人在面对你的时候,会尽量收起坏情绪,总是对你微笑。

能收起坏情绪的人，不是有魔法可以让坏情绪消失，而是他们懂得找方法将之转移或者寄托。就像龙源摸那柄手杖一样，他们或者会看看美丽的花朵，或者会想想广阔的大海，让心情渐渐平静下来。久而久之，这种转移情绪的好方法也就会传染给你，让你也不再会被坏情绪长期困扰了。

微笑对你，所以无论是你的世界还是他的世界都是阳光明媚的。找一个懂得掌控情绪的乐观男人，才会让你觉得一切都轻松自如。

嫁给懂幽默的男人是女人的福气

幽默是生活中必不可少的调剂品，幽默的语言具有神奇的魅力：可以使愁眉苦脸者舒展额头，也可以使愁眉苦脸者破涕为笑；可以为懒惰者带来活力，也可以为勤奋者驱散疲惫；可以为恋人之间增添情趣，也可以使夫妻的感情更为愉悦和谐。

幽默风趣可以增加男人的魅力，而且懂幽默的人往往是乐观的人。幽默感和乐观精神是亲密的朋友，很难想像一个成天愁眉苦脸、忧心忡忡的男人会有出色的幽默感。

找个懂得幽默的男人可以让你一直都保持一份美好的心情，也减少了婚后生活中产生摩擦和矛盾的机率。由于幽默的语言能得到平常的语言所没有的奇效，因此，许多夫妻之间的小矛盾，只要稍微幽默一下，便能迎刃而解。

有一位妻子出差，留下一些家务活给丈夫做。列成一、二、三、四，写在纸条上，出于开玩笑的心情，又在纸条上写上第五条：多想想你的妻子。

几天之后，妻子回家，丈夫向她报告完成家务的情况，并递回条子。条子上前面四条已划了叉叉，表示已完成，只剩下第五条未划。

"怎么，你把我忘了？"妻子有些不高兴。

"第五条我也做了,但还没有做完。"丈夫回答说。

妻子顿时喜笑颜开,送给丈夫一个热吻。

幽默的谈笑,能活跃家中的气氛,增进夫妻间的感情。幽默就像一种神奇的能量,不仅能让人觉得甜蜜,让家庭充满欢声笑语,而且还能化解家中的乌云,使得很快云开雾散。

有位丈夫的妻子是个泼妇,常对他发脾气,而这位丈夫总是对旁人自我解嘲道:"讨这样的老婆好处很多,可以锻炼我的忍耐能力。"有一天,他的老婆又发起脾气来,大吵大闹,很长时间还不肯罢休,丈夫只好退避三舍。他刚走出家门,那位怒气难平的夫人突然从楼上倒下一大盆水,把他浇得像落汤鸡。这时,丈夫打了个寒战,不慌不忙地说:"我早就知道,响雷过后必有大雨,果然不出所料。"

此外,懂得幽默的男人,会懂得注重你的心理感受,幽默的方式劝导和批评,让你既容易接受,又觉得舒服。

有一对夫妻,妻子非常喜欢唱歌,可是水平特别差,有时候搞得丈夫没法休息,丈夫多次劝说也无济于事。有一次已经深更半夜,妻子还在那里自得其乐地唱着难听的歌,丈夫只好急急忙忙地跑到大门口站着。妻子见此,不解地问道:"我每次唱歌时,你干吗总是要跑出去站在门口呢?"丈夫把每个字都吐得非常清楚地说:"我这样做是为了让邻居看到,我并没有打你。"

丈夫的回答,表面上看是答非所问,实际上是采用了一种声东击西的说话艺术。妻子乍一听也毫不介意,可是继续回味,才明白过来,丈夫是说自己的歌唱的像挨打时的惨叫一样,但是由于丈夫采取了幽默的方式说出来,妻子也就无法发怒,只能哭笑不得。

有一句话是这么说的:男人可以没有钱,可以肢体不全,唯一不能缺的是

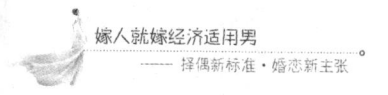

幽默感。

幽默的男人勇敢，甚至敢于自嘲。他敢于接受别人的批评，并不把批评当成一件坏事，而是激励自己前进的动力。他们会时刻审视自己的缺点，自嘲就是修正的开始。

幽默的男人宽容，不会小肚鸡肠。他们习惯以"一笑而过"的方式来对待别人的缺点和错误。

幽默的男人智慧，自然谈吐的背后是由他的学识、文化底蕴、阅历所决定。幽默的产生是需要丰富的文化积淀做为依托的，一个没有任何文化的人是很难有口吐莲花的幽默感的。

爱情需要不时的妆点，缺少幽默的爱情是不完美的爱情。幽默是爱情的催化剂，是裂缝的粘合剂，是爱情的保鲜膜。幽默能使平淡的婚姻平添许多趣味，去掉些许无奈，幽默能使夫妻间平实的语言发挥出奇特的效果，使用幽默语言往往能成为夫妻间表达感情的新策略。

能找一个懂得幽默的男人为伴的女人是有福气的，他会把你的生活欢声笑语不断，让你成为一个永远都满脸笑容的幸福女人。

8

会主动做饭给你吃

让一个男人买单很容易,但让一个男人下厨可就难了。男人在付款的时候豪爽轻而易举,难得的是他肯亲自做饭给你吃。

有一部张曼玉演的旧港片是讲一个呼风唤雨的黑社会老大,为了讨女友欢心,放下自己的大哥身段,从刀光剑影的浴血生涯中抽出空来,到一个酒店里威胁大厨教他做女友最爱吃的番茄猪扒饭。那个看起来一脸凶神恶煞的男人,在学成归来之后,竟像个认真而又满怀期待的小学生一样,温柔小心地看着女人大快朵颐。然后,那女人的母亲在电话里对她说:"一个男人肯做饭给你吃,对你就一定是真心的。"

这就如同自己制作的礼物总是比街上买来的珍贵,尽管它看起来不华丽、很简单;亲手打的毛衣肯定比机器批量生产的暖和,尽管它式样不好又粗笨。难得的不是结果如何,而是那人肯动脑筋,花心思,费时间,亲自动手。这样做出来的饭吃的就不是味道,而是心意了。

做饭虽然是个小细节,却是件鉴定真情的大武器。

邱莲和运启峰是一对恩爱夫妻,虽然两人结婚已有5年,但在他们身上丝毫看不出任何对于婚姻的倦怠。

老公的厨艺很好,但他不轻易露手,不过碰上妻子的生日或是一些特别的日子,运启峰则会主动下厨弄一大桌子美味。

记得婚后第一次去岳父岳母家,运启峰就表现得很积极。在厨房里,爸妈说要做一顿好吃的,运启峰忙抢着说:"我来。"他然后就操刀,当当两下,把鱼斩为三截。然后,锅上坐油、炸鱼、炖鱼,一气呵成。在一旁的邱莲看得心花怒放，心想：看不出老公还真有两下子。后来他又开始做他的拿手好菜回锅肉，一下子就做了十好几道菜，每道菜都一点不含糊。那天，一家人可以说是吃了一桌丰盛的晚宴，爸妈乐得合不拢嘴，连连夸奖运启峰厨艺真是一流。

回到家，邱莲看着老公还是一脸的笑意，就抱着老公说："亲爱的，你今天的表现真是棒极了！那道红烧鱼真是没得说，是我吃过的最好吃的鱼！我爸那么会做菜的人都夸你呢！我觉得自己好幸运，遇上一个脾气又好又这么会做菜的老公。"

运启峰听后心里简直是乐开了花，他把妻子搂得更紧了。后来邱莲发现，老公在家做饭的次数多了，而且还很乐于做饭，她知道是上次的夸奖起了作用。以后不管事情多小，邱莲都不放过任何一个夸奖老公的机会。小两口的日子过的是一天比一天甜蜜，5年了，一直跟初恋一般。

爱情的辞典里，从来没有规定过什么该是男人做的，什么不该是男人做的。这个领域里，没有什么所谓的大男人，只有为了爱无悔付出小儿女，真爱就不会有保留、推搪、小算盘，也不会前怕虎后怕狼，哪怕是上刀山下火海，心一横也就去了，更何况是区区炒几个菜的小事？

一味的强调三从四德、崇尚"厨房是女人的天下"一句话的男人们，在你做饭的时候，永远只知道翘着腿看电视、看报纸、打游戏，油瓶子倒了也视而不见，哪管女人在厨房里烟熏火燎。这样的男人，他最爱谁？不是你，而是他自己。嫁给他，你怕是永远都要成为满身油烟味的主妇了。

乔梦宇的老公星期一到星期五工作，星期六和星期天就会主动承担起做饭的事，不仅如此，老公甚至还会帮宝宝洗澡，跟宝宝玩。有时候老公还会炫耀地说自己做的饭比乔梦宇做的好吃，为此乔梦宇还特地买来饮食书籍，准备赶超老公。

心情好的时候，老公还会主动下厨做牛排给乔梦宇吃，这个时候乔梦宇最开心，因为自己最爱吃牛排，老公留过学，厨艺也是一流的，最关键的是，里面包含的是老公对自己的爱。

说多少情话都是过眼的烟云,把情话落实到人间烟火里,才是过日子的真正爱法。男人肯为女人做饭,就如同女人愿意为男人生孩子一样。虽然内容轻重缓急虽有不同,用意却极为相似。

因为是真的爱你,所以才肯为你忘掉了男人的架子和身份,系上围裙。因为是真心疼你,才会放下工作、报纸、游戏机,去研究油、盐、酱、醋的比例。浓情蜜意,全都在那用心做出的饭菜中。

9 爱笑的男人具有独特的魅力

上学的时候不少女生会被忧郁的男人吸引,觉得那样的人很有神秘感,二十几岁后才觉得,原来爱笑的男人更具独特的魅力。

现在已经不流行永远都表情严肃、一本正经的男人,那样会让人觉得呆板、木讷,甚至难以亲近。反而,爱笑的男人才是社会的主潮流,才是让生活变得轻松、快乐的操盘手。

沈畅从小家教森严,严肃的家庭教育使她成了一个不苟言笑的人,而且她经常无端的精神抑郁,不管是街上汹涌的车流,还是超市结账是排起的长队,都会让她觉得愤懑不已。

而她的丈夫却跟她恰恰相反,丈夫魏宇阳很喜欢笑,成天都乐呵呵的。他们恋爱的时候,沈畅就总是很不解的问他:"你一个劲地傻笑什么呢?"他笑而不答,仍旧保持一贯的作风,不管什么时候,都能看到他脸上的笑容。

结婚以后,有一段时间,他开始迷上了手机短信和网上的小笑话,遇到好笑的他就摘抄下来,一条一条兴致勃勃的念给她听,并且乐不可支。沈畅觉得他越来越俗气,可他却乐此不疲。而且每天早晨,他一睁开眼必定要亲她一口,然后

大笑出声。这既让沈畅感到一个小女人的幸福,又觉得丈夫幼稚到了极点。她怎么也想不通,丈夫成天傻笑什么?生活哪有那么多值得开心的事情?

不过在不知不觉中,沈畅慢慢有了改变。经常紧张的情绪缓解了很多,不再动不动就跑回家去看窗户关没关,也不再总是心情烦躁地嫌床上和衣服上的褶皱没办法弄得平平整整。当工作上遇到问题的时候,她居然也不再一整个星期天都坐在那里苦思冥想,而是选择放下手头的事,先去公园赏花散心。这些改变让沈畅自己都感到奇怪,自己这是怎么了?怎么会变化这么多呢?

后来他们有了孩子,有一天,沈畅回家,走到门口,就听到屋里传来阵阵笑声。她推门进去,看到丈夫和孩子满脸贴了纸条,正在床上笑成一团,她也不禁跟着笑起来。这一刻她相信,微笑也是有感染力的。老公和孩子的笑容在那分钟,成了最美的一幅画面。

也许就在沈畅打开门的那一刻,才明白了丈夫爱笑的原因和内涵。这是一种难得的心态,跟傻没有关系。人生本来就有很多不如意的事情了,何必再自添烦恼呢?不自己找乐子,生活要怎么继续?

并不是沉默冷峻的男人才能让女人觉得踏实可靠,乐观爱笑的男人,才是女人最好的依赖。冷峻的男人能给你的也许只有良好的物质生活,而爱笑的男人,给你的不只是快乐,还有助于你形成一种乐观的态度。

不管从哪个方面来讲,乐观的男人都有其独特的优势和魅力:

首先,乐观的男人让你轻松。不管是遇到风雨,还是遭受挫折,他的笑容总能化解乌云,让你觉得内心安逸,阳光普照,坦然的面对一切。跟他在一起的每一时、每一刻,你都会是亲松而快乐的。

其次,爱笑的男人让你觉得亲切。严肃的男人给人一种压迫感,总会让人觉得高高在上。跟他在一起,你总会担心自己说错了这句话,害怕自己做错了那件事。而爱笑的男人,却能让你,完全抛开这些顾虑,心情放松,感觉到亲近和温暖。

另外,爱笑的男人对人比较宽容。他总是以海纳百川的胸怀去包容别人的缺点,即使哪天你不小心犯了错误,他也会轻描淡写的提醒,然后一笑带过。

决不至于跟你斤斤计较、乱发脾气。

还有，爱笑的男人往往比较自信。在他的世界里没有什么越不过的山、淌不过的水，他永远相信，只要自己一直努力，成功就一定在前方不远处。所以不管遇到什么情况，他总是能微笑以对。

其实，世事本就如此，人生不可能一帆风顺。只有生性乐天，懂得避重就轻的男人，才是女人这匹锦缎上最美的花朵。

10

时时记得夸奖你

女人是花，需要疼爱也需要赞美。要想让一个女人永远保持优雅和美丽，时常赞美，绝对是最有效的灵丹妙药。

就像现在的流行语里所说的一样，"人们夸奖女人通常说她漂亮；如果她不漂亮，我们可以夸她有气质；如果她既不漂亮也没气质，我们可以夸她可爱；如果她也算不上可爱，我们可以夸她很温柔……如果她既不漂亮，也没有什么气质，更谈不上可爱，跟温柔也不沾边，你可以说'你看上去很健康！'"

这不是男人对一个女人单纯的奉承，而是欣赏，一个男人能从一个女人身上找到他们欣赏的地方，才可能爱她们一辈子。

夸奖和赞美就像阳光空气一样，对女人来说是一种需要。这不仅仅是因为女人爱慕虚荣，更是因为时时的夸奖和鼓励能让女人心情愉悦，充满自信。

李云专科毕业，后来在一家小公司工作，工作一年多便结婚了。老公重点大学毕业，是个对各个方面都涉猎广泛的人，而且十分有钻研精神，只要是他感兴趣的东西，他都会想办法研究的很透彻，有这样一个丈夫，让李云觉得就像随身携带了百科全书一样，底气十足。她自己也在丈夫的熏陶之下知识日

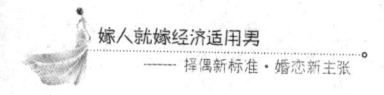

益丰富起来。

　　后来丈夫鼓励李云考本科，趁着还算年轻，好好充充电。刚开始李云还有所顾及，担心自己底子薄，考不上大学。丈夫看出她的疑虑后，一遍一遍地给她做思想工作，发现并反复肯定她的长处："你的模仿能力很强，又喜欢画画，干脆去学美术吧！"在丈夫不断鼓劲和忙前忙后的张罗之下，李云终于决定鼓足勇气一试，丈夫帮他报了一个考前培训班，半年以后，她顺利考上了西南师范大学美术学院成教班。进入大学校园的李云，努力学习专业绘画技巧和文化知识，不仅进步的很快，人也变得更加自信。

　　当李云遇到困难的时候，丈夫除了鼓励之外，总是能出谋划策地为她想出许多解决方法。多年来，李云对丈夫的崇拜有增无减："我的成功，完全归功于我的丈夫，他总能看到我的优点和长处，并鼓励我不断地展现自我，把这些长处发挥出来。让我变得越来越充满自信。"

　　夸奖一个人表示的是肯定，是赏识，是重视，经常受人夸奖，你会在不知不觉中变得自信，而且会朝着别人夸奖的方向发展，从而变得越来越优秀。

　　而且夸奖还会有效地拉近你们彼此间的心理距离，使爱情升温。美国有一位心理学家指出："渴望被人赏识是人最基本的天性。"所以，嫁人要嫁懂得欣赏自己的，善于夸奖自己的人，因为这样的男人富于洞察力，善于发现你美好的一面，善于从理解的角度真诚地赞美你。

　　无论从心里的满足，还是事业的发展来讲，能找个懂得时时夸奖你的男人都是一个女人该有的愿望和需求。

11
能看到你为他做的改变

人们常说，男人是视觉动物。所以女人就天生爱装扮自己，这多半是为了讨得男人的欢心。然而总有一些木讷之辈，即使你的衣服从黑色换成了红色，他也发现不了，即便看见了，也不会做出任何反应，相信这是让所有女人都会生气的事情。

女人的感情细腻，比男人更在意别人怎么看自己。不同的是，男人可能更在意上司或朋友的评价，而女人则更在意自己丈夫的看法。所以，女人常常会为了男人一句你留长发不好看，而去剪了短发；为了男人说喜欢红色，而去买了大红色的睡衣；为了男人说喜欢吃咸的东西，而强迫自己放弃了最爱吃的糖醋里脊，以迎合男人的口味。目的就是为了通过改变自己，来赢得男人更多的爱。

试想，如果你剪了新的发型，然后在他的面前晃来晃去，但是他却连看都没有看你一眼，更别提发现你的变化了。这时的你，一定会心情郁闷到极点，甚至难过得大发雷霆，本来的好心情也就一扫而光了。

男人漠不关心的态度，可能使女人几天都走不出失落的阴影，继而开始怀疑自己在男人心中的地位和爱情的黏稠度。所以，好男人一定会及时注意到女人的改变，尤其是细节方面的变化。这能让女人深切的感受到她的努力没有白费，男人还是很在意她的，从而心生甜蜜。

经济男们大都很细心，不仅能随时注意到女人的小小变化，而且会适当的加以称赞和鼓励。他们明白，不管女人新剪的发型是否漂亮，至少她为了你改变形象的心境是美丽的。所以，他们不会不识好歹的一味否决女人，即使是女人的改变不尽如人意，也会在称赞她"勇于尝试""谢谢你为我穿上了我喜

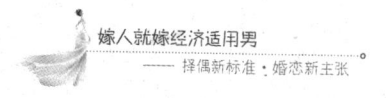

的粉色衣服"之后,才提一句"但是你穿蓝色或许要比粉色好一些"的建议。

懂得欣赏和鼓励女人的好男人不仅有一双"火眼金睛",同时还具备着一颗敏感的心。他们不但能看到女人外貌和装扮上的改变,更能感受到女人在行为、习惯等方面的改变。

妻子一直是个急性子的人。每次给他打电话,总是说完了自己要说的事情之后,就匆匆的挂掉了电话,既不向他说什么结束语,也不等他说再见。这常常让正要再说一句什么,却听到电话断线的"嘟嘟"声的他感觉十分难受。

有一次,他问妻子:"你不习惯说'再见'吗?"

妻子说:"跟你还说什么再见?都一家人了,不用这么讲究吧?"

但之后的日子里他发现,妻子在挂电话之前虽然还不习惯说"再见",但是挂电话之前,她总会问一句"你还有别的什么事吗?"、"好了,我挂了。"之类的结束语。

于是,在一次通话中,当妻子再次问到:"你还有什么事吗?"的时候,他说:"有,谢谢你!"

"谢我什么呀?"妻子不解的问。

"谢谢你尊重我的意见。虽然你依旧不习惯说再见,但你的这句'还有什么事吗?'让我感觉舒服多了。每次当你问到这句话时,我都能感到你的温柔和体贴……"

妻子在电话一头红了脸,打断丈夫的夸奖说:"行了,行了,你还有什么事吗,我要挂了?再见!"

"谢谢你说了'再见',再见,亲爱的。"丈夫无比欣喜的说道。

挂掉电话后,妻子的心里美滋滋的。

由于从小的教育和家庭环境的不同,男女双方在习惯上的差异和分歧多多少少肯定是存在的。女人往往不像男人那样爱面子,喜欢坚持所谓的立场。很多时候,只要是不涉及到原则性的大问题,女人为了爱情和婚姻的和谐而做出让步。克服自身习惯看起来虽小,却是一件需要用心才能完成的事情。女人如果改变了自己以往的习惯，其实已经是一种很大的付出了，如果男人对这种付出视而不见的话，对于女人的打击可想而知。

一个会欣赏女人的好男人，绝对不会忽视了这些小小的细节。他们总是能发现隐藏在改变背后的女人美丽的心情。然后让妻子在自己欣赏的语言里，感受到关注和尊重。让妻子觉得自己的付出没有白费，从而注入向更美好的高峰攀登的活力。

想要愉快生活的女人就要找一个能发现你细微改变的男人，不为别的，只为在你重视他的同时，也能感受到他对你的在乎。

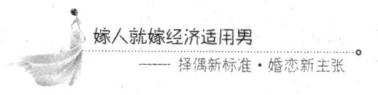

12
懂得跟你分享

"分享快乐就可以让快乐加倍，分享忧伤就可以让忧伤减半"。可见，分享确实是一件美好而又重要的事情。对于婚姻生活而言，分享更是必不可少的。

即使再亲密的两个人，也难免会在思想、性格、爱好等方面存在差异。特别是对于兴趣而言，一般都存在不同之处。一般来说，女人钟情于逛街、服饰、美容，男人则喜欢体育、集邮、汽车等。多数男人对于女人的兴趣持不屑一顾的态度，觉得女人对自己的兴趣也不会多么感兴趣，于是就开始起了"独乐"的历程。让女人觉得乏味无趣，甚至有一种"失宠"的感觉。

小两口刚结婚两个月，"世界杯"就拉开了战势。原本温柔体贴的丈夫立马跟换了一个人似的，整天茶不思、饭不想，常常半夜起来看球赛，白天又躺在被窝里呼呼大睡。把新婚的妻子丢在了一边，看都顾不上看一眼。

妻子实在忍无可忍，丢给丈夫一句："那么喜欢足球，你跟它过一辈子算了，"就回了娘家。到了娘家后，发现只有父亲一个人在家，正目不转睛的盯着电视看球赛，就问："爸，我妈呢？"父亲头都没抬一下地答道："回你姥姥家了。"

这虽然是个笑话，却说明了大部分夫妻不能一起分享兴趣的现状。兴趣是能让生活添彩的良药，不懂的相互分享兴趣的家庭是可惜的。丈夫总是抱着"跟她说她也不懂"的想法去对妻子，于是在妻子面前只字不提足球的事，因此，错过了和妻子一起分享的机会。

其实，女人在体育方面并不是不可点化的顽物，只是不了解所以就没兴趣而已。如果丈夫能主动跟妻子聊一聊关于自己兴趣方面的东西，比如自己喜欢的球星，足球比赛的规则以及有关足球的趣事，等到妻子对它有了一定的知晓之后，自然就能理解丈夫的狂热了。说不定在丈夫的引导之下，妻子还能变成球迷呢！这样，以后观看足球赛的时候，就能两个人一起窝在沙发里，一起紧张、一起激动了。既不至于引起"抢遥控器的风波"，也不至于冷落了妻子，何等的两全齐美啊！

好男人除了懂得和爱人分享自己的兴趣之外，也会懂得去了解女人的兴趣，不会因为自己不感兴趣就总是一副不耐烦的样子，而是会耐心地听心爱的人谈论自己的爱好，并试着去分析这种东西之所以能带给她快乐的原因，在合适的时候陪着她一起去做她喜欢做的事情。这样，才会让女人感觉到自己是被重视、被尊重、被关心的。

好男人懂得，女人是希望跟他分享他的一切的。包括他的成功、喜悦，也包括他的脆弱和难过。许多男人总认为将自己的情绪和感受诉说给女人，有失自己"男子汉"的身份。这是一种理解上的偏差，男人在焦虑的时候沉默不语的做法，会让女人觉得惶恐不安。觉得自己得不到男人的信任，找不到自己的价值所在。

好男人能顾及女人的这种感受和想法，会在自己遇到困惑的时候从妻子那儿得到安慰和帮助。有时候放下坚强，才能让彼此贴的更近，会让女人觉得彼此是一个整体，幸福也好、患难也罢，都是两个人的事情。

不要认为平淡的生活没有什么可供天天分享的事情，可以用来分享的东西数不胜数，关键是要看你的男人有没有这样的意识和心情。

他和妻子都是很平实的人，他们的婚姻中很少有玫瑰花和甜言蜜语的浪漫，甚至连提到"爱"这个字的次数都寥寥无几。

刚结婚那会儿，妻子不太会做饭，但是却极爱吃老公做的酸菜鱼，甚至觉得那是任何厨师都做不出的美味。她极喜欢吃鱼，于是，老公就打算把做鱼的方式传授给她。一有时间，两个人就钻在厨房里做鱼，经过老公一个多月的精心教导，她的鱼也做得已经相当美味了。

后来，只要桌子上有一盘妻子做的酸菜鱼，丈夫的胃口就特别好。他们每周必定要做一次酸菜鱼。整个过程，都由丈夫和妻子一起完成，每次做完，两个人都有欣喜的成就感。

这位丈夫就是在与妻子分享做鱼技巧的过程中找到了彼此快乐的支架，鱼不仅是餐桌上的美味，也成为了他们爱情的见证。

诸如这样可以分享的小事还有很多，比如小时候的相册，一部经典的老电影，或者一首好听的小提琴曲。这些事看起来虽小，却可以加深你们的感情。

懂得与妻子分享的男人，才能让婚姻存在无限的交集。不至于让夫妻双方永远平行，甚至背道而驰。

13
懂得给你留一点私人空间

　　人人都渴望自由，不论男人还是女人。好男人在高喊着"我要自由"的口号的同时，也知道给女人留出一定的私人空间。

　　《今日说法》曾报道过这样一件事情：彭州市一女孩在参加生日聚会的时候，因与男友发生争执跳楼身亡。争执的起因是由于女孩在聚会中途跑到酒吧外的阳台上接听了一通电话，引起了男友的怀疑。男友强硬要求察看女生的通话记录，并将电话回拨了过去。女生说要以死表明自己的清白，不慎坠楼身亡。

　　由于无端猜忌导致悲剧出现的事情经常发生，女人应该意识到，多疑的男人是多么可怕的一枚炸弹。男人理性，女人感性。女人怀疑男人，最多就是导致恋爱关系的破裂。而女人一旦遭到男人的无端怀疑，那后果就不可预料了。

　　有些男人认为，既然是夫妻，双方就是一体，是彼此所属。那么两个人应该绝对透明，做到毫无秘密，甚至连自己的思想都要让对方了解的一清二楚。总以为这样可以见证婚姻的原则性，以及爱情的亲密无间、两心相随。然而，这样的标准只会让人感觉无法呼吸。

　　日子必定平淡多于激情，随着琐事的增多，人们越发觉得无聊起来。甚至还会因为意见、习惯等方面的不合，彼此产生争执。于是围城里的人们开始渴望外面的世界，开始需要朋友，需要被理解，需要自己的一方天空。

　　艾艺丹从小就不希望被束缚，开明的父母也给予了艾艺丹足够的空间，她可以做她想做的任何事，只要是对的，父母绝不干预。婚后，艾艺丹的生活也基本上没变，老公不是管她的人，而是一个完全信赖她的人。艾艺丹下班后可以和朋友聚会，或是自己找一个咖啡屋安静的待会儿。她不用跟丈夫做很多解释，只需要说"今天我晚点回来"或是"不用等我吃饭了"。丈夫从不翻看艾艺丹的手机，打完电话更不会问是谁。因为老公了解艾艺丹的性格，她希望有自己的空间、交际圈子。而老公也知道，给老婆自由，也是对老婆的一种尊重。

好男人懂得给女人一定的私人空间，因为他了解女人的心态，女人希望有自由，希望得到信任，这种了解，必定是建立在爱和关怀的基础之上的。除此之外，男人给女人留一定的私人空间，也是一种信任和自信的表现。

男女相交，贵在尊重和信任。如果彼此连基本的信任和尊重都没有，只能说明对自己缺乏自信，缺少自尊。有人常以"爱是自私的"为借口，偷看对方的手机、电话记录以及网上的聊天记录，认为这是爱一个人的表现，用怕失去对方来掩饰自己的无聊过错。殊不知，物极必反。在你这一系列的举动中，已经伤害了对方的感情，让爱大打折扣了。

女人需要自由的空间，懂得给女人自由的男人是睿智的。"爱情如沙"的理论对于女人同样适用。男人抓的越紧，女人就跑的越快。即使不跑，也无法再放平心态、用心生活了。

作为一个女人要知道：一个值得你去爱的男人，应该是懂得适时的放手，给你自由，让你去干自己想干的事情的男人。他不但不会无端的查看你的手机短信和通话记录，还会在你需要接听电话的时候，识趣的走开。让你永远不会有被间谍监视般的感觉，生活的轻松自在。

有这样胸怀的男人是大度的，这种大度不仅仅表现在给你自由这样的小事上，对于家庭矛盾和事业的处理也同样受用。这样的男人，才会成为女人眼中真正充满魅力的男人，《我的青春谁做主》热播以来，高齐之所以受到广大女性观众的青睐，也正是由于这样的原因。

爱情和人一样，需要空间、需要氧气，才能获得最起码的生存。好男人要懂得尊重女人的隐私，就像尊重自己的一样！

Chapter 8

如何赢得"经济适用男"的青睐

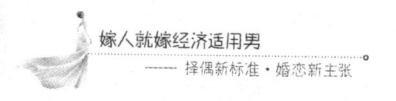

1
"经济适用男"最青睐的女性

找个像沙和尚一样的经适男虽是明智之举,可也要赢得沙僧的中意才是。那么什么样的女性才能够得到"经济适用男"的青睐呢?

"经济适用男"属于平实的男人,所以喜欢的女性类型可以用一下几个词来概括:简单、真诚、专一、有修养、善解人意。

首先,在衣着上要简单大方,外貌打扮上不能过分张扬。如果你的发型过于标新立异,或者衣着打扮时髦到让他觉得你们是两个世界的人,那么这关键的第一印象估计就会大打折扣了。

"经济适用男"通常是理工科出身,他们的发型传统,衣着品位也不属于时尚前卫一类,通常是一件简单的T恤衫配上牛仔裤,他们喜欢衣着简单自然的女性。而且出身传统家庭的经济适用型男人,希望自己的妻子像妈妈一样善良、温柔,和充满爱心。当这样的女人再度出现,他们会情不自禁产生亲切如置身family的感觉。

在情感上,"经济适用男"比较传统,他可能不介意你的过去,但是仍然不希望你的过去是"激情燃烧的岁月"。如果你想得到"经济适用男"的认可,那么就请删除你过去的"激情戏",带着你一段纯洁的初恋和一段不超过三年且没有同居经历的过往面对"经济适用型"男人吧。

另外,切记不能和别的男人有暧昧关系,尤其在网络上,要清除你所有易燃关系。据统计,"经济适用型"男人有30%以上来自IT行业,他们都是电脑和网络高手,可以轻而易举破获你的密码。所以赶紧删除你的前男友、前前男友、视频对象、暧昧网友、虚拟老公QQ、MSN账号吧,和"经济适用型"男人重新开始你清白如纸的网络生活。

最后，为了增加你的竞争力，最好学得一手拿得出手的厨艺，抓住他们的胃也抓住他们的心。

网上曾有一经济男，自爆每日零消费——上下班坐公司班车，一日三餐在食堂解决，真可谓"只赚不花型"男人。由于这一人群对生活要求简单，嫁给他们之后，与"出得厅堂"相比，"下得厨房"更为重要！你一定要学会基本的厨艺，为自己成功嫁作"经济适用型"太太增加印象分。

最后，你需要知道，"经济适用型"男人偏爱这样的女人：用情专一，内心善良细腻；做人做事不张扬，从不给旁人威胁感，让人放松；不太讲究虚的或者是浪漫的东西；懂得谅解别人，不会让人感觉到疲累和压力；懂得站在对方的立场上去考虑；外表不会有过多花哨的包装；有很好的内在素质，不经意间流露出的修养让人惊讶。

想知道你是不是"经济适用男"最青睐的女性，那么就请做做以下这个测试吧！

1.你在海边闲逛，大海对面忽然燃起了一束束烟花，这时，烟花给你的感觉是？

A 很寂寞——转2题

B 很热闹——转3题

2.你上班习惯做的第一件事是打开QQ或是MSN，假如一天办公室停电了，上不了QQ、MSN，你会？

A 无所事事，不知道该做些什么——转4题

B 不受影响，照常工作——转5题

3.你有没有曾经因为某件事情倍受打击而造成你情绪失控，短期内找不到工作和生活的目标了？

A 有过——转6题

B 没有过——转7题

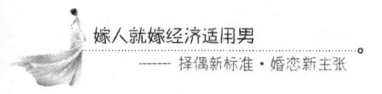

4.如果你是导演,你要拍的第一部片子会是?

A 文艺片——转8题

B 动作片——转9题

5.你送给亲密爱人的情人节礼物会受经济危机的影响而缩水吗?

A 是的——转10题

B 不会受影响——转13题

6.如果你在外地和别人发生了一夜情,你知道以后永远也不会和对方见面了,那你还会把这件事情告诉你的男友吗?

A 什么也不说,何必节外生枝呢——转9题

B 我会跟他坦白——转12题

7. 男友想和你一起去郊外游玩,但不巧的是你今天情绪不高,你会怎么做呢?

A 告诉他今天不想出去——转10题

B 勉强和男友出去玩——转12题

8.你获得了一份难能可贵的工作机会,要出国半年,你知道你的爱人不能陪你去,你会接受这份工作吗?

A 虽然机会难得,但一个人在陌生的城市怎么过呢,所以放弃这次机会——转9题

B 立刻收拾行李,不过是半年而已——转10题

9.你意外赢得了去新疆度假的机会,可是男友的时间安排很紧张,除非他推掉一个向上级展示自己能力的好机会,你会?

A 表示理解,自己另做安排——转11题

B 给他施加压力,非得和你一起去新疆不可——转12题

10.在一次重要的会议上,你突然发现自己的袖口上粘有番茄酱,你的反应是?
A 自己太不小心了,这种失误完全是可以避免的——转13题
B 忽略不计,说不定也有跟我一样倒霉的同事呢——转12题

11.你正和男友共进浪漫的烛光晚餐,突然你发现蔬菜色拉里面有一根头发,你会?
A 平静的和服务员理论——转16题
B 相当生气,甩手离开饭店——转14题

12.一天,你去好朋友家玩,不巧他们夫妻正在吵架,你会怎么做?
A 试图劝架——转17题
B 觉得索然无味,悄悄闪人——转16题

13.如果让你在一个孤伶伶的小岛上工作一年,并且只能带走自己随身携带的一件物品,你会选择?
A 洗漱用具——转17题
B 隐形眼镜——转18题

14.你在单位被同事吃豆腐的时候,你会怎么做?
A 默不作声,忍了——转15题
B 向相关部门投诉——转16题

15.在街道摊位上买小物件的时候,有没有和小商贩们讨价还价的习惯?
A 有——80米的经济适用男
B 没有——100米的经济适用男

16.一天晚上,你做噩梦被吓醒,醒来后你最想做的事情是?
A 打电话向男友诉苦——转15题
B 躲在被窝里面不敢出来——60米的经济适用男

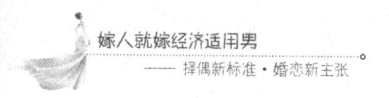

17.当你收到一封莫名的信件，信里说你家将会有大的变化，你的第一反应会是？

　　A 一定是个骗子——80米的经济适用男

　　B 感到不安，想马上请假回家看看——120米的经济适用男

18.一个是两万一平米的房子，在市中心，交通方便；另一个是一万一平米的房子，在郊区，环境清幽，如果你要买房子，你会选择？

　　A 市中心的房子——转17题

　　B 郊区的房子——100米的经济适用男

60米的经济适用男

虽然手头上的闲钱并不多，但是其财力足以营造温馨的二人小屋。踏实、努力是60米经济适用男的优秀特点，他们有很大的发展空间和潜力，一旦时机成熟，就会毫不犹豫的冲上去，所以，60米经济适用男的升值潜力很大哦。

80米的经济适用男

殷实的小康一族，工作不算清闲，薪水也还算过得去，他们每年会有自己的不固定假期，可以到自己喜欢的地方去度个或长或短的假期。和他们在一起你会衣食无忧，但一定要做好未来家庭的长远发展规划啊。

100米的经济适用男

100米的经济适用男富足，但毫不彰显；低调，却不显寒酸。能挑到如此经典的经济适用男，想必你也是很有功力的人。

120米的经济适用男

恭喜你，你算是买到头彩了，120米的经济适用男可不是随便什么人都能钓到的哦。这种人不是打工皇帝，就是自己创业当老板，和这样的人相处，大屋大宅、高档用具可谓是应有尽有。如果说还觉得缺点什么，那就来点高雅的精神文化享受吧！

2
将过去的缠绵锁到密码箱

不论你有一段怎样难忘的过往，或者激情燃烧、缠绵悱恻的岁月，忘掉它吧，或者永远地锁进密码箱，不让它们有曝光的机会。别在你现任男友面前提起你那些轰轰烈烈的情事，更不要和过去纠缠不休，这不仅是对他的伤害，对你自己，又何尝不是一种折磨？

《非诚勿扰》中的梁笑笑就活在想断断不了的折磨中。她爱上了一个有妇之夫，后来她想结束这段恋情却无法摆脱那段刻骨铭心的记忆，终日借酒浇愁却无法挥去剪不断的愁绪。其实和葛优扮演的秦奋在一起，笑笑过得轻松自在，可她就是忘不了那个有妇之夫，最后竟然跳海，想结束自己的生命，还好及时获救。经过这次死里逃生，笑笑想明白了，她知道什么才是自己应该追寻的幸福。

老想着过去，会阻碍你得到真正属于你的幸福，老纠缠过去，也不可能把他拉回来，只会让你自己更痛苦。爱得太深，伤得就越深，既然遇到一个懂得珍惜你的人，就不应该再为过去的感情伤心流泪，对于过去，将它锁到密码箱，最重要的是现在。

留给时间，让时间去扶平那些创伤，那些懊悔吧。无论我们如何挣扎，日子还是在一天一天的推进，我日子还是要继续过下去。幸福其实很简单，回首过去是逃避，看着未来是不切实际，只有珍惜现在才是唯一的办法。

明明遇上了一个好男人，明明想拥有，可却因为无法对过去彻底割舍，到最后惊慌失措，找不到自己应该走下去的方向。有的时候，最美的爱情就在我

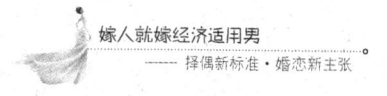
嫁人就嫁经济适用男
——择偶新标准·婚恋新主张

们眼前，可我们往往看不到，因为心中已被过去占据。过去的感情，只可以回忆，但绝不纠缠！

那时候郭雪正结束了一段长达5年的恋情，那是她的初恋。后来，另外一个优秀的男人进入郭雪是视野，他叫严家骏，对人很好，也很温柔，半年后，严家骏的踏实体贴打动了郭雪，她接受了他。

严家骏总爱给郭雪打电话，早晨给郭雪打电话，一起床就听到严家骏的声音，郭雪很开心；上班时给郭雪打电话，郭雪不会觉得严家骏干扰自己的工作，而把它当成意外的惊喜。晚上给郭雪打电话，郭雪正在和密友聚会，不过郭雪不介意，还是会礼貌地离开，走到安静的地方接严家骏的电话；深夜给郭雪打电话，郭雪会和他一直讲很久，不怕明天不能起床上班。

有了严家骏，郭雪感觉自己像被捧在掌心，备受宠爱。不过时不时，郭雪仍然还是会感到一阵心痛，因为她始终无法忘记初恋男友和自己那一幕幕的曾经，那些浪漫的过去，就像一幅唯美的画面，深深刻在了郭雪心中，似乎怎么想忘记也挥之不去。

直到有一天，初恋男友联系郭雪，短信中的语言有一丝暧昧，郭雪没有拒绝这暧昧，甚至心中还有些高兴。但不久后，郭雪就陷入了矛盾的痛苦之中。一面是有深厚感情的前男友，一面是真心实意对自己的现任男友，郭雪不想放下严家骏，可是又无法拒绝初恋。

后来，严家骏发现给郭雪打电话变得不太方便。早上不方便，早上要赶忙去上班；上午不方便，有一大堆工作要处理；中午不方便，中午时间很短，要午休。而且严家骏发现打电话过去的时候郭雪开会的时候多了，可是以前郭雪没有这么多的会，严家骏也很少赶上郭雪开会。晚上打电话，郭雪说和朋友聚会，人多不方便；回家后，郭雪说自己准备睡觉了，要不明天会迟到。

严家骏觉得有什么不对劲，直到有一天，他才知道原来是郭雪前男友的出现，搅乱了她的心。甚至，他俩还通过MSN、手机短信在联系。严家骏的心冰凉，他受不了自己的女友和别的男人的缠绵，虽然也许这算不上真正意义的背叛，可爱情的味道已经变质了。最后，严家骏和郭雪分手，郭雪伤心地哭了，她知道，严家骏是难得的好男人。她恨自己：忘记过去怎么就这么难啊！

要多久才能忘记那些已经离开的人，要多久才能原谅自己错过的那些人，要多久才能放下自己已经不可能拥有的人，要多久才能让自己明白一切只能重新开始没有重来的机会。人就是这样，你永远不知道什么是对什么是错，错的就去弥补，不能弥补的除了让它过去，还能怎么样呢。

过去的就让它过去吧，纠缠于过去只会让你失去更多。过去的缠绵就将它永远尘封，不再开启，只有全心全意爱现在这个真正值得你珍惜的人，你才能抓住幸福。

3
与网络暧昧说再见

暧昧，就像色谱图上两种颜色之间的过渡色，你分不清楚它到底是那种颜色，因为模糊、朦胧、含混而找不到界限。

女人的心思细腻、容易波动，在现实生活中容易把心中的郁闷压抑在心里。但到了网络上，她们可以随便找一个陌生人当做倾诉对象，因为在陌生人面前可以毫无顾忌。但是陌生人聊久了终究会成为比较熟悉的人，就有了暧昧的可能和空间，因为是通过了解对方的隐私建立起来的亲密关系，所以在心灵深处的沟通下，加上适当的安抚劝慰，女人通常容易和对方发生一些暧昧的情愫。

"亲爱的，送你999朵玫瑰。"

"真的吗？"

一封贴着玫瑰图的电子邮件"嗖"地到了她的邮箱。

"让我吻你吧……"

"嗯，我感觉到了，你温软湿润的嘴唇……"

"嗯，我特地为你刷过牙呢。"

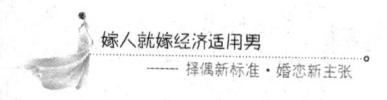

在网上，两个陌生的男女彼此"相爱"，甚至举行婚礼，对他们来说，文字游戏是彼此的依赖和情趣来源。他们沉溺其中，网络令他们看上去很"完美"。

网络暧昧好像不需要清醒，朦胧的才是最美的，对可能潜伏的暗礁，想也不想，看也不看，听也不听。网上遇见了，招呼下，抱抱，亲亲，掐掐，亲昵几下，似乎跟现实里见面问候，你吃了吗？一样正常。有这种想法的女性要注意了，也许一不留神，你就会从暧昧滑向精神出轨的深渊。

乔宜斐刚开始上网的时候，一直以结识知己为目的，用不熟练的打字速度不断游走于网络之间。后来，乔宜斐在网络中畅快欢游，聊天、玩游戏、打理空间和博客，忙得不亦乐乎。后来男友发现她把太多的精力都放在了网络上，于是开始监视她都在网上做些什么。

后来的一系列事实让男友受到了颇大的打击，玩一个网络游戏时，乔宜斐不但和很多男的说话暧昧，而且竟然还和一个男人虚拟结婚，在网上互称老婆老公。男友无法接受，就责问她，没想到乔宜斐还说男友老土，网上的不过是假的。但男友还是觉得乔宜斐这样做，和精神出轨没什么区别。

后来，乔宜斐又跟某游戏论坛版主认识了，彼此的言语也是颇为亲昵，后来竟然发展到和这版主见面。男友和乔宜斐大吵了一架，但是男友还是原谅了乔宜斐。

不过乔宜斐并没有改变，最过分的一次是在男友生日那天，乔宜斐竟然还和几个网友去露营。男友彻底和乔宜斐分手，和这样一个一天到晚和网上的男人有剪不断的暧昧关系的女人在一起，真的是太受伤。

网络就是这样一个环境，怎样面对这暧昧，怎样诠释暧昧的程度，该何去何从？你抱着什么样的态度，就决定了最后会导致什么样的结果。你不在乎网上暧昧，那么你就有可能越来越放纵自己的情感，如果你从不允许暧昧的小火苗燃烧，那么危机从一开始就得到了抑制。

女人一定要不断提醒自己，上网不过是一种娱乐消遣，遇上三五好友，灌灌水，聊聊天，交谈交谈就行了，不要触碰用语言编织的暧昧关系，否则你会越来越享受那种朦胧感带给你的兴奋，深陷其中不能自拔。

容蓉有老公，但日子久后，容蓉觉得生活似乎太过平淡了，更多的时候她愿意泡在网上，写写博客，进进论坛。

容蓉和晓峰是通过跟帖和回帖认识的，忽悠了几次，他们的博客热闹起来。后来，容蓉知道他可以做音画代码帖子和flash，容蓉对这些知识几乎是空白，想学。晓峰很爽快地答应了，一次次的屏前授课，让容蓉很感动。渐渐地，他们的心近了。一声亲爱的，一句宝贝还真的会在心里泛起层层涟漪。

在现实生活中从来没有过的感觉袭上心头，容蓉对这种暧昧关系不反感，甚至还会故意营造气氛，延续这暧昧。一次次倾心交谈，让他们沉浸在诗的情调里。也许是因为渴望浪漫，在现实里无法超越的情感，所以容蓉很享受网络里虚拟着的这种亲密关系。

不过，精通网络技术的老公很快发现了容蓉在网上做的一些事情，传统的老公绝不允许自己的老婆和别人缠绵和亲密。经历过吵闹、冷战、谈心之后，容蓉终于意识到了自己的错误，坚决和网络暧昧说拜拜。

网络中，完全靠的是自己的想像，和文字制造的迷宫。暧昧是一根极容易引发的导火索，一不小心，就殃及自己和他人。对已经结婚的男女来说，柏拉图式的婚外恋固然不错，但要是对电脑"保管不善"，一样会殃及现实生活中的感情。

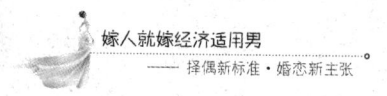

4

衣着：简单也可以是品味

女孩们通常都有这样的认识，觉得穿在身上的衣服越华丽越好，佩戴的饰品越亮越多越好。但你要知道，精致的外表不是"经济适用男"选择伴侣的必要条件，内涵和品质渐渐占领了闪耀女性特质的高地。做一个"简单方便女"，衣着简约、大方，才是"经济适用男"的最佳选择。

黄珊是一个空姐，虽然身材修长，但人长得不算漂亮，可是第一次见黄珊的人都会以为她出身名门。因为黄珊每一次的着装都大方得体，而且能显示出她的个性和气质。同事们发现，黄珊身上搭配的颜色从来不会超过三种，而且衣服的剪裁也是利落简约，这样的着装让黄珊看起来更加清新脱俗。

有些人看见她穿的每一件衣服都很好看，就问她是不是买的衣服从来都没有低于千元。黄珊微笑到说："不会，而且正好相反，我极少买上千元的衣服，基本上我都不会选择名牌，通常都是买一些不贵的或者是换季时打折的衣服。"

不需要名牌，不需要有多么复杂的设计，也同样可以穿出品位和高贵的感觉。在某实名网站正进行的"女朋友什么行为令你无法忍受"的投票中，"喜欢玩暧昧""过分打扮"和"花钱无节制"在众多缺点里"脱颖而出"。

和经济适用房一样，经济适用男虽不挑剔，可也有一套自己的择偶标准。他们喜欢打扮简单、清爽、干净的女生，收起你花枝招展的服饰和夸张耀眼的首饰，衣着简单自然反而更能吸引经济适用男的目光。

白岩是一位二十八岁的医学博士，毕业后便可以拥有一份高尚又高薪的职业。大多男性对于女性的倾慕多是从视觉开始，然而白岩认为他未来的"玫瑰"身材长相都不甚重要。他略带夸张地说，"只要不是奇胖或奇瘦我都能接受。奇胖奇瘦的，有才亦可。"他说，自己的另一半不但要孝顺父母，温柔善良，在着装上尽量简单自然，那些浓妆艳抹、打扮得花枝招展的女性会在第一眼就被他排除在外。

当代女人都跟专业的装修工人近似，每天都要在脸上先抹一层厚厚的"腻子"，然后一遍遍往上"刷漆"，一排不长的眉毛也得一根一根地拿钳子给拽直了，等眼部嘴唇等重点部位修理完毕，还得照自己身上狂喷一把"杀虫剂"，然后出门前再对着镜子左顾右盼半小时，等确信这番装修手段能验收合格，足以聚焦白马和灰驴的目光后，这才一扭腰肢走出门去。

"经济适用男"可受不了整天面对这样一个带着面具的女朋友，所以，简单清爽一点吧，"经济适用男"最合适的搭配，就是"简单方便女"。干干净净亭亭玉立，最能吸引"经济适用男"的注意力。

这里简单介绍几种袜子和上身衣饰的搭配法：

一般来说，身材高挑的女生，颜色对比可以突出你的美腿，运用鲜艳对比的颜色搭配，可以使你马上成为众人的焦点。但一定要注意全身服饰的色彩不要超过5种，否则就容易变成"花大姐"了，而且袜色要与身上服装的颜色相呼应。

而身材比较娇小的女生，挑选与服饰同色系的彩色袜，是最简单且最不易出错的方式，颜色呼应可以使双腿看起来更修长。

小腿较粗的女生，要选择深色的袜子，深色一般能使人显得瘦点。要避免穿中筒袜，宜穿深色、直纹或细条纹的丝袜。因为这些都会产生收缩感，使双腿显得较细。

小腿偏细的女生很适合搭配较浅或鲜艳的颜色，呈横条的花纹或大花图案，这些都是给人胖一点的感觉的搭配，最宜配衬平底鞋。

美丽从来都没有一个标准，简单大方也能穿出品位。

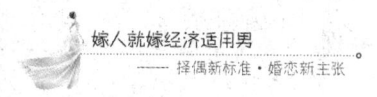

5
朋友的性别不可含糊

"经济适用男"可不喜欢分享你朋友的故事的同时，需要去猜测对方的性别。"经济适用男"本身交际单纯，绝对不能接受女友的开朗个性招来一群"狂蜂浪蝶"。所以，和异性朋友要保持一定的距离，即便你把他当成"好姐妹"，也不能把他和同性朋友一样对待，该说哪些话，不该说哪些话，该做哪些动作，不该做哪些动作，拿捏好分寸，才不会被经济男老公抓住责难的把柄。

王静纯是一个活泼开朗的女孩，她身边的朋友一大堆，男的女的都有，而且彼此的关系都很好。经常是大家一起旅游，一起聚会，一起玩闹。在她眼里，大家都一视同仁，对男的也不会因为性别差异而区别对待。

不过这可苦了王静纯的男友了，男友多次提醒她和别的男性保持距离，不管有多好，有多铁，毕竟有性别差异。不过对此王静纯不屑一顾，还是不改以前的一贯作风。直到有一次男友和王静纯深谈了以后，王静纯才开始觉得自己的言行似乎是应该收敛一点。在博客中，王静纯反思道：

之前我从没想过朋友与性别的问题，那些熟悉的朋友的性别全被我忽略，虽然与那些关系熟悉的男性、女性朋友的交往一直都很愉快，可经男友这么一说后突然有些不安。

在被我忽略了性别之后的朋友跟前，我说话毫无顾忌，就算与男性朋友相处一室，"密谈"至深夜，我都不会有任何一丝的拘谨或者别扭。可朋友毕竟不是男朋友，要不男性朋友和男朋友就没有什么区别了。

无性别潜意识作用下的言谈举止，会不会让我那些熟悉的异性朋友引起一些个错想呢？看来男朋友说的是对的，我应该在异性朋友前划清一条界线，否则产生误会就麻烦了。

赶紧细想一下，你有没有留过异性朋友的暧昧短信？曾经送小熊礼物给你的，曾经在咖啡屋小坐过的，他们的性别，千万不可含糊不清地一语带过，很有可能你的男友会因此苦恼一整个晚上。

而且在所有易燃关系中，蓝颜知己的关系也是颇为敏感的。所谓知己，一定是对你的许多事都知晓，并且很了解你的性格为人的朋友，女人的蓝颜知己是一个危险关系，一不小心，移情别恋的剧目就很可能上演。

许多女性通常喊着这样的口号为自己辩解："女人的心和身体是可以分开的，我们之间，就一个纯字。""男人女人之间没有纯洁的友谊？那只怪你没找到红颜知己。""他是我灵魂上的知己，我们彼此了解却又永不占有。"

其实并不是说女人就一定不能有异性的心灵伴侣，但这种关系是十分微妙的，相信男朋友很难不会对你们之间的情谊感到醋意。而且你也不能保证你自己不出问题，毕竟男女之事，实在是很难说清。

王冰彤被老板批评后，十分想不通，好朋友约她去逛街散心她都不肯，也不会把这件事告诉自己的老公，而是打电话给她的那位蓝颜知己，让他给自己分析事例，剖析人生道理，直说到她重新开朗起来。

不仅如此，每次王冰彤和老公吵架后，她都会留着泪跑到他家里哭诉一番，而那位蓝颜知己通常会借肩膀给王冰彤依靠，而且还会说一大堆话温柔地安慰她。

完了王冰彤会说："为什么我爱的人不是你？为什么我老公就不能像你这样善解人意？"他回答："如果你老公可以做到我这样，他就不是你老公了。"

王冰彤很依靠他，碰到一些重大选择，她也会找他商量，感觉两人有太多的共同语言。她时常说："我老公最了解我的身体，而你是最了解我心事的知己。"

　　心情烦闷的时候，遇见各种人生难题的时候，蓝颜知己很容易成为女人"相濡以沫"的鱼，即使有爱人，有些私房话和知心话也只跟"蓝颜"说。从某种程度上来说，这种男女关系大多是停留在精神层面上，也可以说，和伴侣关系相比，他们只缺少肉体交流。

　　但即使是最清白的红颜蓝颜知己，也很容易被对方的另一半误会成第三者；其次，毕竟是一男一女，一旦"酒逢知己千杯少"，投入深情过度，难免"发生意外"，而一旦破了最后一道防线，这"知己"关系就难再继续。

　　所以要想保住你和男友或是老公的爱情或婚姻，一定要把握好自己和异性朋友结交的"度"，性别永远都是无法忽视的客观存在。

诱惑他的胃比诱惑眼睛更长效

　　做菜是一种表达爱的方式，所谓饮食男女，饮食与爱情不可避免的发生关系。金三顺用她率真的个性和灵活的巧手赢得了爱情；长今将自己的深情寄托在亲手制作的食物当中。

　　用食物诱惑"经济适用男"的胃，比仅仅靠外表赢得他的好感更胜一筹。因为从事IT、建筑设计的"经济适用男"因为经常昼夜不分的加班，基本上都有一个脆弱而饥渴的胃。中午那顿不得不在食堂草草了事，那么就在晚上为他做一顿丰盛的晚餐吧。

　　凤凰卫视《美女私房菜》的主持人沈星，不仅是个大美女，而且还是个聪明、能干、会做菜的美女。

　　沈星在屏幕上做菜的时候，总是充满了一种诱惑力，这种诱惑力也许是来自她的话语，也许来自她的动作，但看这个节目的公众都一致觉得，做菜的沈星是美丽迷人的。让人感觉想一口气看完她主持的这个节目。

沈星喜欢做菜，说她对做菜简直到了疯狂的地步。"做菜是最快乐的事情，只有你对整个过程都充满感情，才会做出好吃的菜来。""我最喜欢的就是去菜市场，看到花花绿绿、琳琅满目的各种新鲜蔬菜，心里就特别的高兴，去世界各地旅行，当地的菜市场是我必逛的地方。"她说特别爱闻菜市场里那种新鲜的味道。

在这个泛美女主播时代，或者说是私房菜成就了沈星，或者说是沈星让私房菜更具风味。毕竟美女常在，美女私房菜不常在。

女孩在全神贯注做一件事的时候是可爱的，比如说做饭。当做饭演变成一门兴趣爱好，当做饭不再代表主妇们天天必须应对的繁琐家务活的时候，做饭无疑是美好的，富有成就感的，令人愉悦的。

"洗手做羹汤"可以为他，也可以为自己。想想就觉得这是一件赏心悦目的事：一个漂亮女孩在灶台前忙忙碌碌，油盐酱醋芥末胡椒俨然是被她指挥的千军万马……做菜时你也可以跟沈星一样穿出女人味，用淡淡的香水盖掉那些讨厌的油烟，而所有的菜，皆会因你的巧手锦上添花。

男人面对一道道盛满爱意的菜肴，难道不会心动吗？当他们吃腻了高档酒楼的豪华盛宴后，便想着自己的一日三餐能有点创意、变点花样。当你用爱做出几道哪怕是不太好看的菜，他一样会感动。

如果你的手艺仅仅停留在煮泡面的水平，那就赶紧参加厨艺培训吧。川菜、海鲜、甜点、煲汤，至少你得均有染指，精通一样。

姚芊芊就是一个会抓住男人胃的女生，她觉得饭菜的调味料也是生活的调味料，如果没有，生活也会淡然无色无味。

有很多新婚的女生很怕结婚后面对厨房，起初姚芊芊也一样。但在外边吃多了总是觉得缺少了点家的味道，于是姚芊芊开始主动学习做一些精致的菜肴。偶尔用这样的菜犒劳一下辛苦工作的老公，看着老公赞赏的眼神，吃菜时享受的表情，姚芊芊心中幸福满满。

厨房虽小，乐趣也多，柴米油盐酱醋茶，五味俱全，加上八角，茴香，党

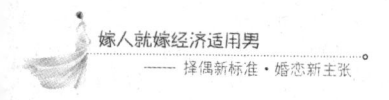

参，香叶，菜香同样让人沉醉。无论再怎么忙，姚芊芊也会隔一段时间学做一道菜，因为她知道这菜不仅能抓住男人胃，还能抓住他的心。

也许你没有窈窕的身姿，但你却能让锅碗瓢盆的变奏曲不再单调；也许你没有娇好的面容，却能让油飞污溅的厨房变得整齐亮堂；你蕙质兰心，每天能变戏法似地将便宜又普通的家常菜烧得芳香四溢，搭配出不同的口味。这样的生活，不仅他会喜欢，你也会享受其中，自得自乐。

每道菜里都盛放着爱，做给家人吃，你的内心会自豪；做给朋友吃，你会满心欢喜；做给他吃，你会体会到幸福的甜蜜。生命里的各种爱，亲情、友情、爱情，我们把它们一一盛放到菜里面去。

7 成为他生活中的氧气

男人就像是在水里游来游去的鱼，成天喜欢口吐着"我要自由"的泡泡，不愿意受到任何外来的牵绊和束缚，"经济适用男"当然也不例外。万物都需要氧气才能生存，男人也是一样。要想得到男人的爱，就要像氧气一样慢慢渗透他的生活里，令他身在其中，既无压抑也无束缚，同时，在不知不觉中他会发现，如果没有了你，就难以生活下去。

做他的氧气，先从融入他的生活开始。在他冒着放弃自由的危险胆怯的尝试接受你的时候，主动一点，消除他的恐惧心理。让他知道你会给他自由和空间，不要在他每次出去和朋友打球的时候都紧紧的跟着，甚至要求他放弃打球去陪你逛街。不要害怕他会因此而冷落了你。你的爱，他会懂得。

给他预备生活中的常用物品，牙膏、牙刷、刷牙的杯子、味道好闻的洗面奶、舒服的拖鞋，让他房间的每个角落都留下你的影子。当他打开衣橱，看到里边的内裤都是你亲自挑选的时候，会觉得幸福而又满足。

在男人貌似强大的外表下，有一颗十分脆弱的心，有一块最虚弱、最柔软的地方，在那里，再刚强的男人也不过如6岁的孩童一般。妈妈，是男人在认识女友之前，唯一接触最亲密的女人。当他最疲惫时，只想躺在妈妈温柔的怀抱；最困惑时，也把妈妈当成惟一可以倾诉的对象。所以，千万不要跟他的妈妈争风吃醋。更不要问"我和你妈落水了，你会救谁"之类的傻问题。学着慢慢向他妈妈一样给他精神的依赖，让他一点点把依靠转移到你的身上，才是明智之举。

千万不要遇到一点小事就像个泼妇一样跟他大吵大嚷，聪明的女人懂得使用"温柔"的汤药俘获男人的内心。无论他的身边还有多少趋之若鹜、虎视眈眈的垂涎者，都将被三振出局。

尽可能的多找你们兴趣的共同点。一场电影，一盒CD，一本小说，只要能感染彼此，那就把它找出来，发扬光大。千万别小瞧了这些东西，想想当初，是什么让你们热烈地谈论呢？

陪他一起去他喜欢的地方旅行，远也好、近也罢，都会成为他心里抹不去的回忆，让他记得曾经见过的最美风景是有你相伴的。

要想长久的在一起，就要让他跟着你的生活走，做个他的超级管家。让他每次都高喊："我的鞋在哪里""我的球拍呢"……没有你，他永远找不到去年冬天的那件白色毛衣，没有你，他甚至会把已经打算用来做抹布的旧毛巾重新用来擦脸，是你令他的家看起来不像"窝"，而像个家。

俘虏他妈妈的心，是你想要成为他妻子必修的一课。对于孝敬父母的经济男来说，听妈妈的话是他绝对的"软肋"。因此，你要时常去探望他的妈妈，记得带礼物讨老人家欢心。如果老太太再三在他面前夸你，那他大抵是永远无法将你踢出他的生活了。

如果你想俘获经济男的心，那么就做他的氧气吧，让他放心自由的大口大口呼吸。

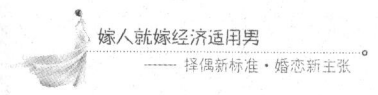

8
当你足够优秀时，爱情自会来敲门

如果你担心自己会配不上经济男，那就看看你和他的差距吧，当你足够优秀时，爱情的敲门声就会主动响起。

婚姻的确是需要两个人在各方面对等的，差距太大的两个人即使结婚，也不一定会幸福。王子和灰姑娘的故事到底只是童话，现实生活中几乎是不可能上演的。王子的身边既然有那么多公主，他爱上灰姑娘的概率就大大缩小了，所以女孩们，努力做好自己，尽快从灰姑娘的梦中醒来吧。如果你足够优秀，就会有更多的好男人注意你，这是显而易见的道理。

《简·爱》是天下所有相貌平平的女孩的励志书，她不漂亮，也没什么背景，最终却嫁了个如意郎君。简·爱是个孤女，出生于一个穷牧师家庭。父母由于染上伤寒，在很短的时间里相继去世。幼小的简被寄养在舅父母家里，但舅父又不幸去世，那之后，她成了舅母的眼中钉，并把她和自己的孩子隔离开来，简受尽了精神和肉体上的歧视和虐待。也因此，固执的简与姨母的对抗变得更加公开和坚决。终于，姨母将她送进了洛伍德慈善学校。

洛伍德慈善学校的校规相当严厉，生活又极其艰苦，院长是个冷酷的伪君子。简在孤儿院继续受到精神和肉体上的摧残。由于生活条件恶劣，学校里经常有孩子病死。简就亲眼目睹了自己最好的朋友海伦的离去。

多年后，简长大成人，此时的她早已厌倦了这里的生活，于是登广告谋求家庭教师的职业。这时的她已经长成一个优秀的女子，会画画，会弹钢琴。不久，桑非德庄园的女管家聘用了她。简终于离开了洛伍德慈善学校，满怀欣喜地前往桑非德庄园。

在桑非德庄园，简遇到了自己的所爱——罗切斯特先生，虽然历经磨难，两人最终还是有情人终成眷属。

如果没有简的努力，仅凭她的相貌，是不可能得到罗切斯特的青睐的。在遇到罗切斯特之前，简就已经从一个固执的小女孩，变成了一个优秀的女子。她会弹钢琴，会画画，她有自己的主见，靠自己的双手养活自己。她说，"如果上帝赐予我财富和美貌，我一定会使你难于离开我，就像现在我难于离开你。上帝没有这样，但我们的精神是同等的！我的灵魂和你一样，我的心和你完全一样，我现在和你说话，并不通过习俗、惯例，我是用我的精神和你说话，就像两个都经过了坟墓，我们站在上帝面前是平等的，因为我们是平等的。"她到底是不是为平等而离开暂且不论，最起码她的这段话是值得我们深思的。

别总是想着经济男会主动"投怀送抱"，想赢得他们的目光，就先往自己身上贴点金吧！想要嫁个优秀的"经济男"，先看看自己是不是够优秀，能不能够配得上对方。否则，即使遇到了又怎样呢？他还是会和你擦肩而过。就算你运气好，得以和这样的优秀男人相恋，大概也会被内心的不安折磨得死去活来吧？要知道，得到后再失去，要比一直没有得到痛苦的多。

优秀是一种习惯，不仅仅是为了你爱的那个人，更是为了让自己不虚此生。聪明的你，还是想办法让自己变成一个优秀的女人吧。在以要求对方样样出色的标准来挑选经济男的同时，也不妨以同样的高标准来要求一下自己。

正在苦苦寻觅、痴痴等待中的80后待嫁女们，不用再眉头紧锁、怨天尤人了。当你也有了足够优越的资本之时，嫁一个好男人自然就成了顺水推舟的事。

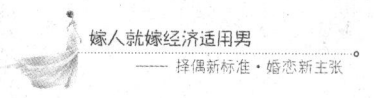

9
你越是爱自己，得到爱情的机会就越多

美国人曾经针对女性做过一项调查——"假如我们对你的恋人或丈夫做一次采访，那你最想从他们的嘴里知道些什么？"被调查者的答案不约而同："他还爱我吗？"没错，女人想从男人哪里得到的答案一定是"我还深爱着你！"但是，女人们，你们有没有问过自己："你还爱自己么？"

每个人都不例外，你最亲密的朋友就是你自己。试想如果你都不爱自己的话，那么你有什么理由期待你的男人还爱着你。这也就是说，身为一个女人，只有首先爱自己，才能得到别人的爱；爱自己越多，得到爱情的机会才能越来越多。

懂得爱自己，是女人在谈论爱情之前的必修课。一个不爱自己的女人更不可能好好地去爱别人。女人要懂得让自己的魅力被人看到，如果你懂得爱自己，善待自己，别人就容易看到你的魅力，你会从别人的赞扬中得到更多的自信，你也就会活得越发光彩，永远保持对生活的热情。女人就在这个良性循环中体会到了爱与被爱的乐趣。

瞿乐在工作中风风火火，在生活中也是一个懂得宠爱自己的女人。在紧张忙碌的工作之余，她懂得用各种方式来调剂自己的生活：购物时用自己赚的钱给自己买喜欢的东西，旅游的过程中体验放松同时汲取新鲜的感受。对于她来说，珍爱自己意味着独立、自由、进取。

"我的工作强度比较大，做演员、写剧本、做影视策划，经常忙得昏天黑地的。做这一行常常让我思考，活着究竟是为什么，是为了挣钱吗，但是挣多少算个够呢？思考的结果我给自己总结了一个理念：生活里最重要的，是让自己快乐。"瞿乐说。

"每拍完一部戏，我都会找一个最快乐的方式让自己放松。因为做演员的关系，我买得最多的是衣服，购买心得很简单：不一定要最贵的，一定要自己最喜欢的。我现在的家里，有一个房间专门作为衣帽间，因为里面有整整一房间的衣服，哈哈，听起来是不是有点过分啊。但是我觉得，女人活着不就是为了让自己开心吗？花钱能买来开心，值！"

可能大多数女人都无法像瞿乐一样满足自己那么多的物质享受，但我们可以像她一样时时刻刻让自己快乐，而能让自己开心、快乐的方式有很多种：累的时候听听音乐，周末的时候约上好友去逛街。

也许有人会问：谁不爱自己呢？是的，没有谁不爱自己，但真正的问题在于，你懂不懂得怎样去爱自己。比如说，你每天为自己真正预留了多少专属自己的时光，没有动机、没有功利、没有交换，只是让自己充分自在地舒展开来。

在更多的时间里，你恐怕都忙于应付各种需要了：为恋人，为工作，为孩子……即使在一人独处不需要应酬谁时，你是不是也常会忘记要应酬自己？

女人，一定要用更多的精力去对待自己，不要吝啬给自己买高档化妆品、做美容，要善于调整心情，这都是女人最珍贵的滋养品。心情的好坏，看上去是源自身外的纷繁，事实上是你自身的一种态度和控制力。女人爱自己是提升自身资本的有效方式，真心的喜欢自己，让自己快乐，可以让你变得更加自信、美丽、动人。

简单来说，爱自己就是对自己的欣赏和喜欢，因为在这个世界上你是独一无二的。但是，爱自己并不是盲目自恋，而是能够认识到自己的缺点，坦然地接受自己的一切，不论是优点或是缺点。

爱自己的女人懂得洁身自好，不会让自己流于轻薄。虽然男人都喜欢挑逗思想开放的女人，但没有哪个男人愿意将这样的女人娶回家。

从心底珍爱自己的女人懂得，快乐的秘密不在于获得更多，而是珍惜所拥有的一切。你会觉得自己是那样的备受宠爱，是那样幸福地生活着。这是一份难得的乐观心境，更是快乐的始点。拥有这样的心态，你也就会看淡得失，更加珍惜你身边的男人了。

"爱自己是万爱之源，学会爱自己，因为这是世界上最伟大的爱。"如果你想成为一个受欢迎的、有魅力的女人，就请从爱自己开始吧，只有真心地爱自己，才能有一颗清澈的心去更好地爱别人，也才能得到更多的爱，尤其是来自你所深爱的男人的爱！

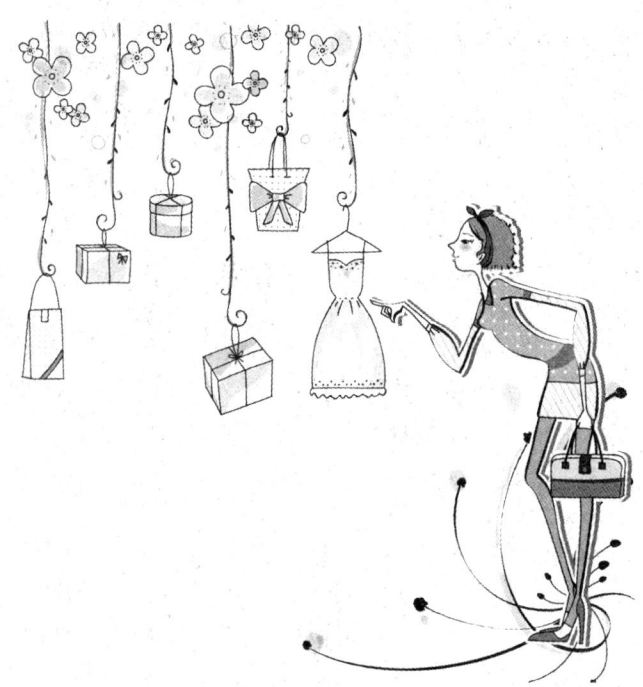

Chapter 9

警惕经济但"不"适用的男人

1 千万别嫁只点便宜菜的男人

需要警惕的是,即使"经济适用男"的定义已经如此清晰的今天,也还是难免浑水摸鱼之辈——也就是那些经济"不"适用的男人!

回顾一下"经济适用男"的标准是什么?不吸烟、不喝酒、不关机、不赌钱、无红颜知己、性格温和、勤奋努力、懂得攒钱等。仔细观察就可以发现,这里面每一项都是一个变量,而这一切变量都可能导致一个"经济适用男"变成经济"不"适用男。

在这些标准中,与性格、为人相关的要尤为注意。譬如虽然他是"赚得多花得少"的优质高效"赚钱机",但如果他却是一个抠门到只点便宜菜的男人,从来不会带你去高档西餐厅享受烛光晚餐,哪怕是一次,看着他每次点菜都要把价格细细对比一番的样,估计你立刻就失去了吃饭的心情。

莉莉通过朋友介绍,认识了一个有固定收入、没有不良嗜好的"经济男",莉莉很是中意,加上最近特别流行找个"经济适用男",第一印象不错,莉莉就决定和这个男人相处看看。

第一次正式约会,莉莉打扮得很精致,兴致盎然的去赴宴,哪知对方却将她带到了一个类似街边大排档一样的小店里。莉莉接过菜单,十分有风度的点了几道便宜的小菜。莉莉并不是真的爱吃这些菜,也并不代表她平时只吃这类菜,只是想表现一下自己的体恤而已。男人也毫不客气,只加了一盘皮蛋豆腐,一桌子菜点下来只花了32元。

看着眼前的这个穿着打扮有模有样的男人,初次见面,就把光鲜亮丽的自己定位在了32元的档次上,莉莉心里郁闷极了。心想,又不是经济条件不允许，还这样抠门，第一次约会就这么小气，那以后不定还对我抠成什么样呢！

想到这里，莉莉越发觉得眼前的这个男人让她头疼，强忍着吃完饭之后，急忙离开了。回家之后，赶紧删掉了他的一切联系方式，不想再和他有任何瓜葛。

男人光有钱没用，最关键的还是要懂得为你花钱。一个在吃上都不肯吃好的男人，真的很难想象他是一个懂得享受生活的人。这种经济"不"适用男会挑战你的极限，破坏你的全部美好，把你从白领丽人变成黄脸婆。

也许有人会说，即使某一、两项有所出入，相信也是可以忍受的。但是亲爱的，婚姻的幸福可不是忍耐出来的，你从婚前就忍受，只会提前你的忍无可忍爆发期！所以还是不要考验自己的忍耐力，认为点菜只是小事，没什么大不了，可是和这样不懂得享受生活的男人在一起一辈子，你会活得没有滋味，甚至，他连菜都不肯为你点贵的，还会为你付出什么？

恋人相约一起吃饭，"点菜"是一个小细节。但是聪明的女人们可要睁大眼睛了，很多时候，这样的细节却如同豹子身上的斑点一样，可以窥见一个男人的大世界。从点菜来认识一个男人，也算是一门学问。

一般来说，点菜的时候，让女人来点的男人，比较绅士，但不太懂得调节氛围；先由女人来点，自己再加以补充的男人，比较圆滑、会办事；全部由自己来点的男人，通常很大男子主义；只点贵菜的男人，比较张扬，爱显示自己的阔气；贵菜和便宜菜搭配起来点的男人，做事比较精明，懂得运用战术；只点便宜菜的男人，除了小气、爱精打细算之外，骨子里传出来的信号是没前途……

先姑且抛开浪漫、情调、饭菜的营养以及约会的质量不谈。一个成功的男人，必定是一个有教养、有内涵的男人，最起码，要懂得尊重别人。再怎么一个精心打扮、着装高雅的女人都应该去上档次的餐厅，吃有档次的菜肴。连这种小事都顾及不到、处理不好的男人，怎么去驰骋职场，取得大事业的成功呢？你跟了他，也许能一辈子衣食无忧，但要说有什么大的前途，估计很难。

所以说，嫁一个什么样的男人，也不能嫁一个这种骨子里透着"没前途"

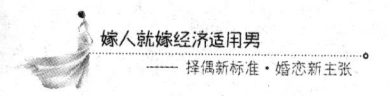

的男人。一个骨子里就透着"没前途"的男人,当然有他不得志的根源,或许懦弱,或许懒惰,或许情商太低,或许在做人方面有缺陷。总之,这样的缺陷很难弥补,甚至形成了一种根深蒂固的习惯。这样的男人,不了解自己的不足,自然也就不会想着去改变什么。

女人在婚姻里总该得到些什么,或者荣华富贵、或者温柔体贴、或者受到尊重。这不是女人的自私,而是一种依托。有了这样的依托,才会在漫长的婚姻里,拥有坚定不移的走下去的决心和勇气。而诸如这样吃饭从来都只点便宜菜的男人,是注定什么都给不了你的。

有些好男人也不能嫁

嫁个"好男人"是每个女人都梦寐以求的事情。但是"好男人"也分三六九等,并不是所有的"好男人"都值得托付终生,他们中也不乏一些混淆耳目的伪劣品。所以,忙着挑选老公的女人们,一定要擦亮你们的眼睛。就这样三种"好男人"是绝对不能嫁的。

第一种不能嫁的"好男人":缺乏主见的"乖乖儿"。

如果你听说一个男生不抽烟、不喝酒、晚上很少外出而且从没夜不归宿的记录,一定会说:"这男生多好。"但是,就怕这种男生是没有主见的'乖乖儿'。

吴双的前任男友丁默,对她一片痴心,家里背景也好,老爸是医院外科主任,老妈是一所名牌大学的教授。丁默自小就特别听父母的话,学业优秀,按老两口设计好的路子走得顺畅,研究生读完后,他妈妈托关系让他留在一所高校当了老师。

在丁默看来，老爸老妈的话不会出差错，自然得听他们的话。他与吴双拍拖时，家里也顺着他，只是对吴双爱交朋友、爱泡酒吧、爱过都市里的夜生活看不惯，又不好跟未过门的媳妇讲，就叫儿子转达。于是丁默便常常在吴双面前"循循善诱"，还常说"我爸我妈说……"这类的话。

有时吴双听的烦了就问："那你说呢？"他便会回答："我爸我妈说得也对。"吴双既生气又拿他没办法，自己的恋人怎么就这么没主见？总是"老爸说，老妈说"的，以后在一起这句话还不成了让她头痛的"紧箍咒"了？在他们一家的庇护下，也许会生活得很舒适。可自己实在是没了个性，失了自由。这样的"好男人"不适合于她，最后只好道声"拜拜"。

像丁默这样没有主见的"好男人"，缺乏自己对事物的判断标准，从不敢对人说一个"不"字。虽说可以给你带来舒适稳定的生活，却也要把你改变成一个惟命是从的乖乖女，让你饱受折翅的痛苦。

第二种不能嫁的"好男人"：没有脾气的"忍者龟"。

"你这小妮子，自己这么任姓，除了我们谁还受得了你。一航这孩子脾气多好，多依顺着你，你却居然笑他是什么'忍者龟'，别身在福中不知福了。"每每听着老妈的叨唠，潇潇就直在心里叫苦。

她与一航拍拖了3年，对他那"温吞水"似的性格深有领教。他从没有冲潇潇发过脾气，也没见他对什么事情深深不满、大加斥责。一航对她百般呵护，甚至可以说是无微不至。

在单位里，一航也是任劳任怨，同事们都找他当跑腿的，派他去做苦差，每次年终考评总有善于团结、任劳任怨、乐于吃苦这样的好评语，可跟他一起的同事要么升职、要么加薪，而他至今还在被人随意差遣，看不到一丝"进步"的迹象。可他却不恼不急，安于现状。

心态平和确实难得，可太没脾气，缺乏进取心，没有了斗志，虽说将来可以与太太孩子厮守在一起过平淡安稳的日子，会少了许多的波折，可潇潇害怕一航这"忍者龟"的脾气在以后长期共同的生活中传染给自己，使自己像母亲

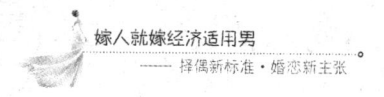

那辈妇女一样，成了养家糊口的"机器人"。所以，尽管老爸老妈极力撮合她与一航的婚事，她还是来了个先斩后奏，满心歉意地与一航作了了断。

像一航这样的好脾气男人现在已属于珍稀物种了，行情会被一些"小家碧玉"型的女孩看好。可如果你是想努力冲刺的现代女性，这类男人就不一定适合你了，或是他改变了你，或是将来你们因所作的努力不一样造成各方面的悬殊差距，从而酿出一杯苦酒。

但肯定的一定是，无论出现哪一种情况都会影响了你事业的发展。

第三种不能嫁的"好男人"：包打天下的"好丈夫"。

雪雅一不小心就找了个"大款"做老公，让很多女孩子羡慕不已。

雪雅是一个出色的女子，论学历、相貌和气质都能迷倒众多追求者。她那从事贸易的老公向她求婚时，发誓说要让她舒舒服服地过一辈子，要她辞了职在家里。

于是年纪轻轻的她从此做起了专职太太，没有孩子，日子过得很是逍遥。可时间久了，雪雅便觉得长期这样闲置下去，并不是个好办法，因为自己还年轻，还想做番事业。作为一个现代女性，她可不想终生依附一个男人。她就向老公提出，让自己出去做事，然而老公却不答应，理由是他挣的钱足够家里花了，太太只管在家收拾收拾，快快生个小宝宝就好了。

更让雪雅烦恼的是，婆婆要孙心切，成天催着她做妈妈。她觉得自己不是老公所需要的女人，只好"突围"了出来。

很多人不理解她的做法，心想这样好的老公多少女孩想傍也傍不上，而她却放弃了。现在她已是一家德资企业的老板助理，比过去忙碌多了，压力也大多了，可她没有怨言，因为她觉得这才是自己想要的生活。

那些包打天下的好老公，总希望自己的太太呆在家里，料理家务和照顾孩子。把你养成了金丝笼里的小鸟，日后你想飞也飞不高，只好把自己的一生托付给了这个男人。于是，他就占据了婚姻生活的绝对主动权，而你只能凡事都被动的接受。

嫁个"好男人"纵然是好,但是如果这个"好男人"并不能够带给你快乐,甚至会让你觉得痛苦的话。还是尽早的"快刀斩乱麻",另找他人吧。

3

分清两种"大男子主义"

"大男子主义"也分真伪。伪"大男子主义"的男人,不管在家庭还是在社会上,都歧视妻子的能力和地位,一切大小事都由他说了算,妻子没有决定权、发言权,甚至是知情权。从来不顾及对方的感受,不管事情的孰是孰非,他永远是对的。这种"大男子主义"的危害是多方面的,可造成家庭不和睦,婚姻破裂,甚至导致犯罪。

真正的大男子主义,是一个男人在社会、单位、家庭始终处于举足轻重的地位,与妻子和睦相处、互相尊重,为妻子和孩子带来幸福和安全感,他的言行让人信服、让人敬佩。

在选择结婚对象的时候,一定要分清这两种"大男子主义",后者可以带给你幸福,而前者,会带给你无尽的压力和伤害。

何一兰虽然很爱她的男友,但男友的大男子主义时常让何一兰备感压力。她经常对朋友这样说:"我现在真的很苦恼,他虽然对我也很好,但他的霸道让我疲惫不堪。"

男友不让她穿裙子,说她的身型不适合穿裙子,短裙容易走光,长裙又显得腿形又短又粗。男友说,哪怕是穿短裤也比裙子强,所以一兰几乎从来都不穿裙子;

男友不喜欢她的发型,让她换成短发,说她的脸型就应该留短发。其实这种"学生头"一兰一点也不喜欢,可是担心他生气,还是依着他剪了;

男友不喜欢一兰工作，一兰就辞了。没有工作的日子里，她闷在家里过了一天又一天，时间漫长无比，感觉如坐牢一般。

辞掉工作之后的一段时间里，一兰在无所事事中打发时光，憋闷得几乎难以承受。和他商量着出去工作，他就问她是不是不相信他的能力，说一兰的任务是做好家务事，守住他就行了，其他的一切，不需要操心。

一兰愈来愈觉得没有自我了，他还说他只要一兰开心，她只想告诉他："其实我非常非常的不开心！曾经我很爱他，所以我为他改变了很多。可是随着矛盾的增多，如今我也不知道自己对他还有几分爱。和他在一起，更多的是疲惫。"终于，一兰想到了要和他分手……

男人的这种大男子主义，说到底就是一种变相的自私。他们把妻子的爱，当作寻找心理平衡的工具，以获得满足感、优越感，以满足自己的控制欲、占有欲。

第二种大男子主义，虽然也会表示出他的霸道，但却敢做敢当，懂得呵护爱人。他一言九鼎，让人信服和敬佩；他能挑起生活的重担，为周围的人带来幸福和安全感；他有一颗男人宽容慷慨的心，不会为了鸡毛蒜的小事妻子斤斤计较。和这样的男人一起生活，你会觉得找到了一个可以避风的港湾。

海凌自己比较瘦弱，但男朋友高大而壮实，总是无微不至的呵护着她。但海凌却认为男朋友有的时候太过于大男子主义了。

他们一起吃饭，即使是在家里吃，哪怕菜就在海凌的面前，他也要不停地把菜夹到海凌碗里，然后还要温柔的说："多吃点猪蹄，对身体好。""多吃牛肉，有维生素B6，养身体啦。""芹菜可以健齿！"

海凌知道男朋友都是爱自己，为自己好，可嘴上不耐烦的说："干嘛总逼我吃东西，我都快吃反胃了……"心里却是美滋滋的。

不理会海凌的抱怨，男朋友依旧我行我素地让她吃这吃那，逼得她不吃都不行。和他在一起，海凌的体重直线上升！不出三个月，母亲就对她说："你胖了，不过这样看起来健康多了。"海凌对母亲说："现在有人在把我当成猪在养，怎么能不胖呢？"

两个人单独在一起的时候，不管海凌做什么，男朋友都会上前阻止，他总是对她说："放着放着，让我来！这些活不是你们女孩子应该做的！"一副他是男人，只有他能干的模样。

有一回海凌和男朋友一起搭乘电梯，人太多，电梯挤不下，海凌说走楼梯吧，男朋友竟然边走边说："一会你肯定走不动的。"果然，到了七楼，海凌的腿就开始抽筋。他二话不说，把她背在背上，嚷着："说了你不行，没说错吧？"

海凌伏在他的背上，小声地嘀咕了一句："你这家伙也太大男子主义了。"可是心里却温暖无比。

其实，像海凌的男朋友这种行为，不完全是大男子主义，更多的是一种"大男人"的表现。他习惯也喜欢在女人面前表示他的强大，为的是让女人有足够的安全感。

对于两种不同的大男子主义，女孩一定要学会区别对待。

对于第一种大男子主义的男人，最好离他远些。这类男性不会给女孩带来幸福与快乐，他的霸气也不是源于爱，而是源于自我满足式的自私。

而对于第二种大男子主义的男人，女人一定要好好把握他。这种男人虽然有时言行上的霸气让女孩难以忍受，但他这样做，是源自于真正的爱。面对这种男人，只要不是原则上的大是大非，忍让一下也无妨。这种男人多数属于"顺毛驴"，多顺着他，他自然会听你的。

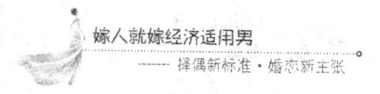

4
让偷情的野猫回归野外吧

有种男人无红颜知己,但却经不起女性的诱惑。所以警惕这类男人!对于偷情的野猫,就让他回归野外吧!

章静如是袁斌的老板,由于袁斌对人很好,又有能力,所以深得女老板的赏识。章静如总是把重要的工作交给袁斌做,每次开会几乎都会表扬袁斌,一些好的机会,也总是留给袁斌。渐渐,章静如发现,也许自己对袁斌产生了好感,可惜他是有老婆的人。

遇上加班,章静如总是会邀袁斌一起吃饭。一次,公司加班,最后只剩下他们两个人,后来章静如提议说去吃夜宵,袁斌不好拒绝,于是就答应了。章静如喝了点酒,袁斌怕她一个人开车回家有危险,于是就送她回家。但是到了章静如家楼下,章静如故意装作醉得不省人事,袁斌不得不扶她上楼。后来,在章静如的诱惑下,两人发生了关系……

纸包不住火,一个月后,公司就传出了老板和袁斌有私情的消息,当消息传到妻子莫莉莉的耳朵里时,莫莉莉开始还觉得这是无稽之谈。因为老公根本就看不出是会做出这种事的人,平时他正眼看别的女人都会脸红。不过当袁斌承认自己做过那样的事后,莫莉莉先是惊愕,后是平静接受。莫莉莉和袁斌离婚,虽然袁斌在平时的确是个好男人,但也许越是本分的男人,越经不住诱惑。离开袁斌,莫莉莉有些不舍,但既然要走,就走得坚决一些吧。

有时事情的真相就是让人难以接受,但无论如何,既然事情已经发生,就要看清对方的本质,也许是他们骨子里的动摇、不坚定,让他们被迫变成偷情的野猫，此时，请你学会放手，让他们回归野外。

程博前是一位教授，年纪轻轻就评上了副高，他温文尔雅，对人体贴，绝对是个标准的好老公，其妻子李瑶总是从别人口中听到羡慕之词。但就是这样一个大家认可的好男人，竟一次次悄悄冲出围城。

妻子李瑶是一个贤惠的人，把家布置得温暖干净，每天下班后都会做好饭菜等程博前回家，在她的经营下，两人的家整洁又温馨。

但李瑶是个做事很有原则的人，她认为过度的夫妻生活是对身体的严重摧残，所以两人性生活的频率降到最低。一开始程博前并不介意，但天长日久，程博前心里开始不平衡，觉得自己没有享受到婚姻生活应得的权利。

没多久，程博前就找了第一个婚外性对象，是在一次朋友聚会上认识的，确切的说应该是朋友的朋友，是一个有气质的未婚女子。那次两人都喝了点酒，程博前把她带到了自己家，妻子那晚正好加班。事后程博前仔细地打扫房间，还喷了一点空气清洁剂，不断对自己说，只要没把心放进去，就不算对不起老婆。

有了第一次以后，程博前很快又有了第二次、第三次，从生疏到熟练，程博前渐渐学会了不问对方的真实姓名和职业，完事之后就走人。就在某一次出门的时候，程博前忽然觉得自己好荒唐，不停问自己：家里有那么好的老婆干嘛要做那种事情？

之后有一段时间，程博前对李瑶出奇的好，给她买东西，变着法子给她做好吃的，陪她逛街，和她去旅游。也许这一切都是对妻子的一种补偿。不过没过多久，程博前又开始了偷情的生活。

一次，妻子本来上夜班，但身体突然不舒服，就请假让人代班，自己则回家休息。不巧的是，老公与别的女人在床上的一幕被李瑶撞个正着。后来的结局是：两人和平离婚。

有几个女人能够忍受自己的男人"家里红旗不倒，家外彩旗飘飘"？不要轻信男人的"再也不会有下次了"，有些事，成了习惯，再改就很难了。面对

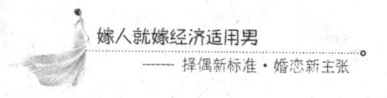

那些表面上装得有模有样的正人君子，一定要剥开他的伪装，看清他的本领面目，是野猫，就将他赶出家门。

5
太自私的男人坚决不能嫁

也许他样样都好，但就是不懂得关心你，他最爱的人是他自。自私的男人凡事以自我为中心，只考虑自己的感受，自己的得失，从来不会顾及你的想法和看法。嫁给这样的男人，就只有你替他考虑，而没有他呵护你的时候。

王林是沈奕禾的男朋友，他们俩男才女貌，感情上也比较合拍，是别人眼中天造地设的一对。

王林各方面都不错，唯一的缺点就是自私，大概是受到了家庭娇惯的影响。这种自私突出的表现在吃东西上面。对于他喜欢吃的东西，他谁也顾不上，即使是奕禾不例外。

比如他和奕禾一起吃草莓的时候，奕禾洗好草莓后放到盘子里，他就会把盘子放到自己面前，独自大口地往嘴里塞。偶尔塞一颗到奕禾嘴里，那眼神，就象是要从他嘴里再夺出来似的。直到一盘草莓吃到见底，他才肯罢休。擦擦嘴，到一边往电脑去了。

炖鸡的时候，王林总会把一只鸡身上诸如鸡胗、鸡肝、鸡心之类的精华全部吃掉。其实，奕禾也是很喜欢吃这些东西的。可是，王林从来都不知道让给她，甚至连问都不问。

吃西瓜也是一样，他总喜欢把西瓜切开两半，抱在怀里用勺子挖著吃。有一次，他把吃剩下一点的西瓜放在桌子上出去了。奕禾觉得扔掉太可惜，就把剩下的一点吃掉了。结果王林回来一看西瓜没有了，差点跟奕禾翻脸。奕禾觉得很尴尬，就给他讲了一个故事：

有两个大学生，女孩是干部子弟，男孩是农村出身。那时候，正值文革，他们相爱了。为了阻断两个的交往，女孩的父亲运用职权在男孩毕业分配把他调到边区贫困的地方。女孩知道了男孩要离开的消息后，毅然决然的跟了去，为此，还和父亲断绝了关系。两人一起相依为命过着自己的小日子，虽然很苦，但是很甜蜜。一年中秋，队里给每家分了一块月饼，是男孩去领的，路上，男孩将月饼分成的两半，将其中的一半吃了，拿着另一半回了家。回家后，他发现女孩还没有下工，看着那半块月饼，男孩实在馋不过。心想，即使女孩回来，也一定会再分给他一半，于是就把那半块月饼掰开又吃了一半。就这样男孩一半一半的掰，终于月饼一点都没有了。女孩回来了，一进门就高兴低问：队里是不是发了月饼？男孩惭愧地告诉女孩：分是分了，不过都被我吃了。女孩愣在了那里，她什么话也没说。不久后，离开了男孩。

讲完之后，奕禾说："王林，看吧。爱情就是这样坚强而又脆弱的东西，有时候，一块月饼就能将它击碎。"

王林却不解的看着奕禾："这跟我有什么关系？"

奕禾彻底明白了，他从开始到现在根本就没有意识到自己自私的行为，他不是不爱自己，而是已经把这种自私当成了一种习惯。

自私的男人就是这样，从来就是唯我独尊。在他风卷残云的时候，完全不会有一点惭愧的感觉。但只要你有一件事不合他的意，他就会把你批得体无完肤。如果你觉得不服，去跟他理论，他会很生气，甚至头也不回的摔门而去，等着担心他出事的你发短信求他回来。

找一个这样的男人，你不但享受不到女人被呵护着的幸福感。还会成天诚惶诚恐，生怕自己那个地方一不小心犯了错，你得向妈妈对待孩子一样，凡事都忍让着他。

自私的男人，多数都不会主动与妻子分担家务事。他们不仅仅是因为做家务觉得累，而是觉得这是女人与生俱来的责任。他们下班回到家，就只安逸的半躺在沙发上等着饭菜端上来。

吃完饭后，就打游戏、看电视，如果你稍微抱怨一点，他们就会说：我

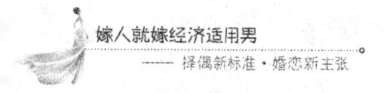

上一天班多累啊?还让我回来干活。从来都没有想到,其实女人也是一样的,白天在外打拼,回家还得洗衣做饭,一样会很累。他们只会觉得,作为一个男人,我生来只担负养家糊口的责任,这些鸡毛蒜皮的小事怎么能由我来做呢?

总之,如果你不愿意一辈子都做男人的"妈妈",在丧失自己权益的无休止忍让中生活的话,那么,就尽可能离太自私的男人们远一点吧!

有"暴力倾向"的男人要踢出局

"家庭暴力"听起来就令人毛骨悚然,不想在婚姻生活中承受这样的痛苦,就要尽早的识别出有"暴力倾向"的男人,坚决将他们踢出你的生活。

不要以为家庭暴力是一件离自己很远的事,更不要以为这种事不会发生在受过良好教育的男人身上。《不要和陌生人说话》就是个典型的范本,能避免这样的男人最好,如果不幸"入虎口",不要相信他说的"我会改""不会再有下一次"这样的话,男人打老婆是有惯性的。不想被"暴君"统治,就早点分手吧。

29岁的黄露然早就经历过从寻找"金龟男"到接受"经济适用男"。本想放弃"大苹果",挑小而甜的苹果也不错,但没想到,这次等到的却是有虫洞的烂苹果。

黄露然找的那个"经济适用男"职业稳定、收入稳定,不过相处了一阵子,才发现那个男人心理和人格极为不稳定,常做出雷人之举,有内在的暴燥和阴暗,而且特别小气。自己做的事,有一点他不满意,就会大发脾气。还不让黄露然去参加同学、同事间的聚会,有男的打电话来,他的脾气也会莫名其妙地变得暴躁。恐怕再怎么想过安稳日子的女人,也无法忍受这样的男人,于是黄露然就和他黯然分手。

Chapter 9
警惕经济但"不"适用的男人

如今的黄露然已经不再期待能和自己携手共度人生的那个男人是"王老五"还是"经济男",自己能看上的,正常点的就行,毕竟幸福安稳才是女人对婚姻的终极诉求。

在交往的过程中,就要擦亮你的双眼,有暴力倾向的男人一开始不一定会出手打你,但会在一些小的细节上表现出来。比如他会时常骂你,气得不行的时候会砸东西,有时会憋红脸,不自觉地握紧拳头……这些信号都在暗示着,这样的男人危险,之所以还没爆发,是一直忍着,当他真正抓狂的时候,你已伤痕累累。

汪晓晓中专毕业后,在一家大型连锁超市做促销员。结婚后就辞掉了工作,做起了家庭主妇,但是婚姻带给她的却只有痛。

当时28岁的她已属于典型的大龄女青年了,眼看身边一个个姐妹都已为人妻为人母,她的心里也很着急。经朋友介绍,她认识了现在的丈夫王铭。那时,王铭给她的印象憨厚大方、成熟稳重。相识一年后,晓晓和王铭结婚了。

婚后有一段时间,夫妻俩的小日子也过得幸福美满。可不久后,丈夫的各种毛病和恶习逐渐暴露,最让晓晓不能容忍的就是他暴躁的脾气和轻浮的作风。

后来晓晓听说丈夫在与她结婚前,先后谈了七八个女朋友,而且个个跟他贴得很近,有的还曾与他同居过,但后来都被他给打跑了。

逐渐地,晓晓和丈夫的话越来越少,经常为一些小事吵吵闹闹。不仅如此,丈夫还隔三差五地突然生起事端,对她发脾气、耍威风。

王铭的独断专行,霸道无理让她伤心欲绝,他自己从不检讨自己,更不节制自己糜烂的生活作风,却对妻子管得十分严格。每次晓晓一接到男性朋友的电话,他都要审问一通,晓晓以前认识的一些异性朋友或是牌友,只要一打电话或发信息给她,王铭都会马上将电话反拨过去,不问青红皂白就将别人大骂一通,害得她的异性朋友再也不敢给她打电话了。走在马路上,如果有人来问路,只要是男的,他就一把把晓晓拉回来。

有一次婆婆去他们家，由于那时孩子才5个多月，晓晓躺在床上边看电视边带孩子。因为室内的电视声音很大，婆婆按门铃时她没听到，也就没有开门。婆婆当天把此事告诉了丈夫，丈夫回到家后不问青红皂白就对晓晓大骂大吼，一把将她推倒在地，然后对她又是一阵拳打脚踢。这一次，她的手上、背上、腿上到处都被他踢成青紫色，头发也被抓下一大把，在床上躺了好几天。

这样的"待遇"晓晓经常"享受"。只要丈夫工作不顺心或者晓晓不小心做错什么事，都是一顿暴揍。晓晓的身上伤痕累累，旧伤还没好，新伤又出现了。每次把晓晓打伤了之后，丈夫都发誓下不为例，但是几天后他又"旧病复发"。晓晓实在是拿他没办法，甚至曾想过死，但又舍不得父母和女儿，每天只有这样过着地狱般的生活，度日如年。

清官难断家务事，晓晓不知道自己该向谁求救，对于家里的这个"暴君"，她彻底失望了，每次向丈夫提出分手，换来的又是一顿拳脚。但清醒过来的她不再相信丈夫的话，最后终于办理了离婚手续。

没有哪个男人会拿着鞭子，还口口声声地说爱你，他爱的只是征服你的快感。这种男人是最要不得的，留在他身边只会让你继续过这种被奴役的生活。

这样的"暴君"就算再有本事、钱再多，也不值得你留恋。他永远不知道女人是用来疼的，而不是在他的拳头下委曲求全的。

《婚姻法》明确规定：对实施家庭暴力或虐待、遗弃家庭成员构成犯罪的，依法追究刑事责任。因实施家庭暴力的而导致离婚的，无过错方有权请求损害赔偿。当发生家庭暴力时受虐者可以拨打110报警求助，保存受害证据，保留病历、发票等证据，并可去当地公安部门作伤情鉴定。女人如果真的遇到这样的"暴君"，要学会保护自己。

当然，最好的方法还是能在婚前就看穿男人的面目，以免婚后受罪。一般来说，就几种男人是典型的"暴君"，面对这样的男人要尽量远离。

1、年轻时喜欢打架、斗殴的

这种人有的是为了哥们义气，有的是为了英雄气概。不管原因如何，他们都属于遇事容易冲动、不冷静的类型。甚至有"嗜血症"，看到血会莫名的兴奋。这样的男人，在婚后也不见得能冷静多少，遇到矛盾冲突时，自然会对你拳脚相向。"古惑仔"型的男人只适合在荧幕上耍帅，但绝不适合追求安稳生活的女人。

2、长久处于沉闷、压抑之中的男人

他们是很可怕的蛰伏型暴君，对于你的过失和家庭中产生的矛盾，从来不发表任何意见。往往表面看起来平静，内心却波涛汹涌。一旦爆发，就不可收拾。

3、猜忌、多疑的男人

就像《不要和陌生人说话》里的安嘉和一样，猜忌和多疑往往是导致家庭暴力的主要原因。这种男人总爱自己给自己幻想出一顶"绿帽子"来戴，成天疑神疑鬼。只要发现你有一点和异性接触的行为，内心的猜忌就会无限的放大。家庭暴力也就成了家常便饭了。

4、自残的男人

这种男人就更别说了，他连自己都不爱，对自己都下得了狠手，何况是你呢？千万不要相信恋爱的时候出于任何理由为你自残的男人。这样的男人，婚前是自残。婚后，就该残你了。

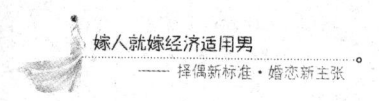

别人的男人碰了都是痛

很多女人都有这样的抱怨:为什么成熟又成功的男人全成了别人的老公呢?而自己遇到的未婚男人,要么幼稚可笑,要么就傻里傻气,心里不免生出很多郁闷。于是就有可能在揶揄别人老公的同时,走上了第三者的道路。也许那个男人真的很好,各方面都很优秀,但这样的男人却不适用。

有的女孩说:爱上已婚男人是幸福的。你可以分享他所拥有的物质财富,得到精神的愉悦,却不必为了他的成功分担任何愁苦和付出代价,这种收益和不能拥有一个妻子名分的损失大体上可以相互抵消。可是你甘心自己一辈子的幸福都在这种躲躲藏藏下?而且即便你真的觉得幸福,可它又能持续多久呢?

马晓在欧洲游学时爱上了一个"已婚男人"。他是西欧人,50岁出头。他的大女儿和马晓同岁,已经成家有了自己的孩子,小女儿马上就大学毕业了。

所有人都认为马晓疯了,但马晓却认为自己是掉进了幸福的蜜罐里,觉得自己已经离不开他了。

她说:"在遇到他的第一眼我便有种感觉,就是他了。她和我交往过的男人截然不同,无论我们在一起做什么,他都让我感觉非常的踏实和安心。

他有家室、有子女,但他还是决定和马晓交往。然而,开心的背后却总是令人恐惧的孤独。每当他要离开马晓按时回家时;每当周末马晓要独守空房,却不能给他打一个电话时,巨大的悲哀和凄凉就会袭上她的心头。

马晓也深知离婚对他来说是件难事,就算夫妻感情再不好,想到对她女儿们的影响,能坚持不离的一定不会离。更何况男人是非常看重自己名誉的。于是,马晓很乖巧的对离婚一事只字不提,心里却很不是滋味。自己给这样一个

Chapter 9
警惕经济但"不"适用的男人

"已婚男人"当"小三",什么时候才能守的云开见月明呢?

所以说,爱上已婚男人更多的是痛苦。有人这样形容爱上已婚男人后的生活:周五我会因为他的离开死去,周一又会因他的到来再度复活。

女人之所以这样死去活来,是因为你所能享受到的只能是在她除去陪伴妻子之外的时间给予你的关爱。而他们所能给你的,或许只能是情人之爱,虽激情却无法长久,虽绚丽却有些短暂。他会时时注意腕上的表,时间一到,就会离你而去。这一切还不是最痛苦的,最痛苦的是你和他的爱情永远是见不得阳光的"丑闻"。

而男人会在两个世界里若无其事的穿梭,好像什么都没有发生过。就算他会对你做出承诺,但是,这些承诺多半会在他对于家庭的责任之下,变得遥遥无期。

在火车上,姚遥和林杰相对而坐。姚遥注视着对面这个男人:帅气,有修养,周身散发着成熟男人的魅力。

当姚遥从随身提包里拿出一本医学杂志阅读时,林杰主动挑起话题:"你是口腔科医生?"后来,林杰告诉姚遥,自己的父亲是位牙科医生,已经退休了。

话匣子一打开,两人觉得越聊越投机。姚遥得知林杰是某研究所的副所长,妻子是大学教师,有一个女儿。林杰的侃侃而谈深深吸引了姚遥,他不仅外表出众,还相当有内涵。下车前两人相互留了电话。

从那次以后,林杰的身影就深深地刻在了姚遥的心里。虽然林杰有妇之夫的身份一直给姚遥敲着警钟,但姚遥最终还是忍不住给林杰打了个电话,于是两人第一次共进了午餐。几次约会后,姚遥发现自己爱上了林杰,而林杰也对自己有感觉。

后来,姚遥经常把林杰带到自己的单身公寓里,那里成了两人温馨的港湾,林杰经常以出差为名偷偷地与姚遥同居。但好日子过了不到半年,林杰的妻子就怀疑丈夫有外遇,当林杰承认后,性格温和的妻子当时就昏了过去。

姚遥本想趁此机会让林杰和妻子离婚,但林杰却说自己不可能抛弃妻子和

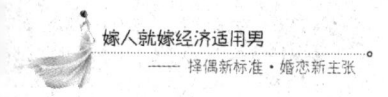

女儿。妻子虽然人不漂亮，性格内向但温和贤惠。更让姚遥备受打击的是，林杰那句"以后我们不要再有任何交集"，给了姚遥十万元后，林杰安心回家过日子，剩下姚遥一个人，和一颗伤痕累累的心。

现实生活中，已婚男人大都不愿意离婚，他们之所以会接受妻子之外的女人的感情，只是在享受你的青春和新鲜罢了，他只是自觉不自觉的把这当成一场游戏而已。就算他为你离了婚，你又怎么能保证旧戏不会再重演，他不会再爱上别的女人呢？

爱是美丽的，但要在对的时间遇到对的人，做出应有的付出才能开花结果。否则，你收获的只是一朵"带刺的玫瑰"。已婚男人的"玫瑰"对于妻子来说是花香怡人的关爱和体贴，而对于妻子以外的女人来说却只有花刺过后的痛苦。

聪明的女人，不要爱上不该爱的人，尤其是已婚男人。否则只会使你陷入无力自拔的尴尬境地。

8

不孝敬父母的男人不能嫁，太孝敬父母的男人也不能嫁

孝敬父母的男人是有孝心、懂得感恩的人，一个连自己父母都不爱的男人，绝对不会给自己的妻子带来长久的幸福。但是，80后的你也要知道，太孝敬父母，特别是惟母是尊的男人却是不能嫁的。

这样的男人不抽烟、不喝酒，没有任何不良嗜好，从不流连夜店，生活有板有眼，可是大小事情都要母亲来拍案定夺。即使是娶了妻子，还是凡事都要去请示母亲大人，置妻子的意见于不顾。仿佛母亲才是真正的"女主人"、是他的"正宫"，作为妻子的你只是个"侧室""姨太太"。除了给丈夫传宗接代、延续香火和操持家务，便没有了其他的权力，这样的你能不憋气一辈子吗？

男人的这种毛病一般是最不容易改正的，因为"滋养着"它的有两种"养份"，一是男人本身对母亲长此以往、习惯成自然的依赖性，二是母亲对这种绝对的"支配权"感到很"滋润"和"受用"，而导致她放不开手或者根本就不想放手，也没有要放手的觉悟。

可想而知，你的"情敌"是多么的强大，因为涉及男友的母亲，你稍不谨慎，不但扭转不了"乾坤"，还极有可能落个离间母子、不贤不孝的恶名。如果你因为爱而不想离婚，那么你可能要一辈子生活在这种不被重视、女主人"大权旁落"的尴尬境遇中了。

王雅静是一位中学英语老师，经人介绍认识了现在的丈夫徐恒勇。他在一家机关单位就职，父母都是高级知识分子。认识后不久，他们就登记结婚了。

因为两人的工作都很稳定，且双方父母都已退休在家，因此，除了工作和恋爱，其他的事情都是由彼此父母安排完成，包括吃饭洗衣等生活上的细节。王雅静以为自己嫁了个好人家，这辈子都不用愁了。

徐恒勇有一个的母亲是个很"强势"的女人，她对丈夫和儿子要求都很严格。从小就对儿子"恩威并施"，好起来恨不得把儿子捧在手心里，一旦发现他有做得不对的地方又会十分严厉，所以尚健从小就很听母亲的话。开始时，雅静还觉得恒勇的妈妈是一位伟大的母亲，后来才发现，她的伟大把恒勇培养成一个没有责任心的男人。

在他们结婚的第二天，雅静已经起床并化好了妆，做好了早餐，但恒勇还赖在被窝里，大声嚷着让妻子给他拿衣服领带和袜子。雅静很是不解："我们结婚之前，你的衣服都是怎么穿上身的呢？"恒勇告诉她："我妈每天不管有多忙，都会先将衣服放在我的枕边，再去办事。"说完，又蒙头大睡了。

结婚后的第三天，雅静的父亲过生日，让他们回娘家吃晚饭。虽然恒勇口头答应了，但是他下班回来却一直坐在电脑前玩游戏，没有行动的意思。在雅静催促他第三遍时，他头都没回地吼了她一句："你自己回去不就得了，干嘛非要拖着我跟你一起去呢？你没看见我正玩游戏呢吗？"

雅静很生气："我爸现在也是你爸，难道你忘了结婚时怎么对我父母保证的吗？结婚才3天，你叫他们心里怎么想呢？"也许他突然反应过来他们是新婚的夫妻吧，恒勇没有再说话，但也没起身打算随她同去……

更让雅静难以忍受的是，丈夫好像永远摆脱不了父母的庇护。婚后一年，他们有了自己爱情的结晶。当时雅静天天都吃不下饭，丈夫却一个劲地让她吃这吃那，"快吃，我妈说了，孕妇要吃的好，宝宝才能健康发育。"有时候雅静会突然想吃一样东西，丈夫也要打个电话，先询问母亲，这东西能不能吃。

甚至连"财政大权"都是掌握在婆婆手中的。结婚5年后，雅静见单位的同事都炒股，自己也想投资炒股，可是当她把自己的想法告诉丈夫后，恒勇冷冷地说，"我妈说了，10个炒股9个赔，你还是老老实实呆着吧。"一句话就打消了雅静理财的积极性。

满以为自己嫁了个好老公的雅静，现在对丈夫彻底失望了。在父母眼里，他是个好男人，工作稳定，对雅静也很好，只是偶尔地摆摆男人的架子，这倒也没什么。但雅静自己心里清楚，自己的丈夫"最爱"的是他母亲，肯听的也是他母亲的话。每当妻子和母亲产生分歧，雅静向来不问青红皂白，"听妈的。"

这样的日子倒没有什么大的波澜，雅静说，"我现在就是过一天算一天，也不想再去争到底谁对谁错，我知道他肯定不会站在我这边。"

和这种有严重"恋母情结"的男人过日子，会让你觉得一天比一天绝望。他没有自己的主见，干什么都要先"请示"，"唯母是从"，可你的意见呢？完全当做看不见的空气。别让自己的大好青春葬送在这种人手里。

男人孝顺是件好事，但对于那些丝毫没有主见，什么事都要征求父母意见的男人，那就要坚决pass！这样的婚姻绝对不会让你觉得有多美满。

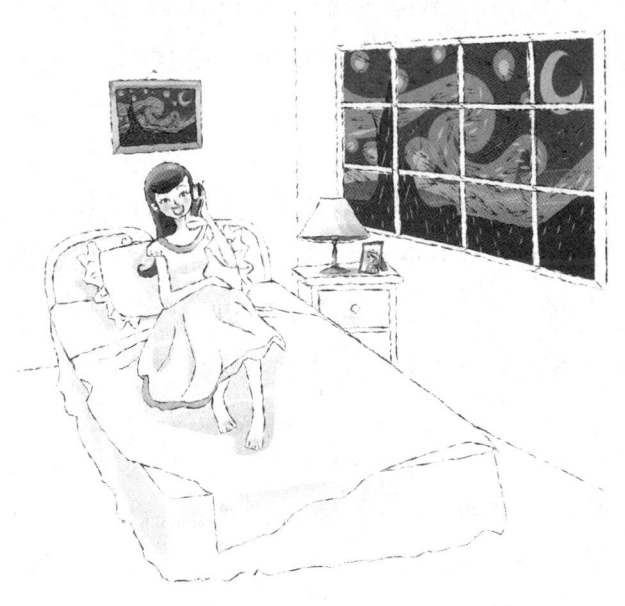

9

如果一个男人开始怠慢你，
请毫不犹豫地离开

恋爱最初的时候，他恨不得一天二十四小事都守在你的身边，听你调遣。哪怕是你缺少一个牙签，他都会在第一时间买好给你送来。可是渐渐的，你感觉到了他的变化，你家网线的结头都坏了十天了，他还在以忙为借口，一拖再拖，说等他忙忘了就来给你修。那么，你就不要怀疑了，他是已经在开始怠慢你了。

一个男人开始怠慢你意味着什么？对你开始感到厌倦，抑或不再爱你。不管怎样，怠慢你的男人就不会再懂得疼惜你了，这样的男人还是尽早离开吧，省得以后自怨自艾。既然他已经不再把你放在心上，那你何必还要继续付出你的柔情和爱意。

当他开始怠慢你，迅速一点，不要恋恋不舍，把对他的那些爱留给自己，你不会因为离开他就失去了整个世界。当爱情之树已经开始倾斜的时候，当他已经不重视不在乎你的时候，也是你用勇气和决绝放弃这段感情的时候。即使你们日后勉强走到了一起，你也不会再体验到被视若珍宝般的甜蜜了。

今天是澄澄和宇辉相恋3年的日子，澄澄提出去乡下玩一天。宇辉说："干嘛跑这么远，明天还得去参加同学的婚礼呢！我们今天就去吃顿饭，再看场电影，好吧？"澄澄不情愿地点点头。

在吃饭的时候，澄澄试图想和男友一起回忆以前浪漫的日子，但是宇辉却一个劲地说着明天去参加同学婚礼的事。"明天结婚那同学是我最好一哥们儿，我们明天8点就出发吧，早点去，免得堵车。"澄澄听后心想：对于别人的事倒还挺积极，也不怕早起了，也不嫌累了。"明天晚宴大概9点结束，到时候你自己打车回家吧，我和我同学好久没见了，大家要好好聚聚，我们还订了酒吧的包间……"宇辉讲得绘声绘色，澄澄一脸不悦地说："今天可是我们三周年的纪念日，你别老谈别人好不好？"宇辉闭住了嘴，但在之后的时间里一直不说话，两人很不愉快地吃完了饭。"我很累，不去看电影了，你自己去吧！"饭后宇辉说道，然后径自走出饭店。澄澄一个人傻傻站在原地，觉得委屈极了，望着黑夜，眼泪开始不停往下落。

对于这样一个在周年纪念日上把你抛下不管的男人，对于一个你说话，他却当成耳边风的男人，你还相信他还是一如往昔的爱着你的吗？你还在以宽容的心态来理解他只是处于对哥们结婚的喜悦之中，而暂时忽略了你的感受吗？

恋爱生活中，总有不少傻女人喜欢给男人的漫不经心找借口：当他很少主动再说想念她的时候，她告诉自己他只是成熟了而已；当他变得很少给你打电话，她告诉自己他工作实在是太忙了；当他忘记在一些重要的日子买礼物给她的时候，她告诉自己爱情平平淡淡才是真；当他不关心她的时候，她告诉自己他就是这样一个大男人，不懂得疼惜任何人是他的本性。

不要再自欺欺人了！醒醒吧笨女人们！这些举动就是对你的怠慢，你是否明白，在这样的怠慢中，他对你的爱在慢慢减少！

爱情总是让人昏头昏脑，连爱和不爱都分不清，如果你不首先提出离开，那最后只有沦落到自己被甩的境地。

陈妍妹叙述了自己的经历：有天晚上我特别难受，可能吃坏了肚子，于是就躺在床上。男友问我怎么了，我说没事，躺会儿就好了，于是男友就开始玩电脑。一个小时以后我觉得很反胃，肚子就像火烧一样，还恶心，这种滋味实在不好难受。我实在受不了，就跑进卫生间，没想到一下子就吐了起来，几分钟后，我坐在地上，头特别的沉，眼泪在呕吐的时候也跟着流了下来。那时我多么需要他的搀扶，可他竟然还那么悠然自若的玩游戏。

等我回到卧室以后，他连耳机都没摘，就对我说："你吐啦？躺着休息会

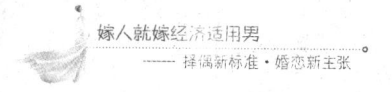

儿吧！"之后便开始继续玩电脑。说真的我当时不知道心里有多难受，觉得自己很委屈，平时对他比对自己还好，没想到这么多的爱和付出换来的竟是如此这般的下场。

还有一次，我被热水烫伤了。女人在这种时候最需要的就是安慰，于是我打电话给他，问他在干嘛，他就说在忙，我说我被烫伤了，他连一点担心的语气都没有，只是说，那你用冷水冲冲，一会就好了。说完就挂掉了电话。在听到电话嘟嘟的断线音后，我哭了，我问自己：难道我在他心里是那么不重要吗？

至此，我都还没有发现爱情已经亮起了红灯。直到有一天他突然严肃地对我说："我们分手吧！"我才如梦初醒，这样的结局并不突然，在他开始不关心我、怠慢我的那些日子里，他已经用行动把他的想法表达得一清二楚。只是我，醒悟得太慢。

如果一个男人可是有意无意的怠慢你了，那么就收起你那颗幻想的心，赶紧转身大步的走开吧。及早的离开，或许你还能赶上下一班通向幸福的列车。千万不要在无休止的被怠慢中，变得一文不值。

Chapter 10

幸福才是硬道理

1
幸福不幸福取决于你看重什么

所有的幸福都是相对而言的，关键看你的心到底看重什么。两个人过苦日子是时候，一起做饭，一起散步，你就已经感到了幸福的存在；而一旦欲望提升，你开始看重金钱，看重享受，那么即使幸福在你身边，你却怎么也感觉不到它了。

幸福指数与个人的欲望程度和身处环境密不可分。也许经济男不能让你过上大富大贵的生活，

王琪真曾经有一段交往四年的感情，男友在一个知名企业做中层主管，经济实力不错。但在谈及婚嫁时，男友却退缩了，退缩的原因，就是因为王琪真有一位智障的哥哥。

哥哥并不是天生智障，而是在一次大病中脑子变得智力低下。正常人的时候哥哥对王琪真很好，有好吃的总是留给妹妹，妹妹被欺负还会帮着教训那帮坏小子。所以王琪真觉得不能因为结婚就丢下哥哥，王琪真的想法是让哥哥和自己住在一块，由丈夫和自己照顾，但前男友不能接受这个。由于理念的不合，王琪真放弃了这段感情。

后来，王琪真嫁给了现在的丈夫，虽然丈夫只是一个普通的职员，但他能理解王琪真，愿意主动担起这项重任，所以王琪真义无反顾地选择了他。两人的新房虽然不大，但多了哥哥也并不影响，反而热闹许多。丈夫很耐心地教她哥哥做一些自己能做好的事，那些不能做的事，丈夫都一个人承担下来。

王琪真每天最开心的时候是他们三个人一起看电视的时候，看着哥哥被电视剧中的情节逗得哈哈大笑，王琪真打从心里感谢丈夫的付出，感谢他给了

哥哥一个温暖的家。对于王琪真来说，不用家里多么有钱，只要能和哥哥在一起，只要有一个爱自己又接受哥哥的丈夫，就已经是最大的幸福了。

不同的人对幸福的定义是不一样的，当你希望哪怕是只能喝一口水的时候，一碗水对于你来说就是最大的幸福，当你想要一桶水的时候，一碗水对于你来说只会让你沮丧。有的人希望自己的老公又帅又多金，而有的人，只希望寻求一位有共同志趣，能携手度过所有的难关的人，就已经很幸福。

幸福的婚姻是彼此的尊重和理解，是彼此的体贴和疼爱，是互相迁就互相忍让，是一种无私的奉献和付出，是一种甘愿和无悔，是共同经历了婚姻中的风风雨雨之后的彩虹。

但在这个物欲横流的年代，夫妻都被工作、事业、房子、车子搞得筋疲力尽，夫妻间相互交流沟通得少了，相互埋怨指责的多了，时间久了便心生疲惫厌倦。一个家庭一对夫妻冷漠淡然处之，这样的婚姻哪有幸福可言。有些人轰轰烈烈的相爱，有些人平平淡淡地相依相伴，幸福永远只取决于你看重什么。

虽然家里极力反对她与他的结合，然而她最终决定和他远走高飞。他带着她远离了熟悉的城市和亲人，漂流异乡。他知道她为自己牺牲了很多，所以百般呵护，唯恐有一丁点儿闪失而引起她的不快。他对她无微不至的爱，让她忘记了远离父母的思念，在他身边，她感觉到温暖，她觉得自己是个幸福的人。

不过，随着时间的飞逝，她的幸福感在慢慢变淡，工作上的不如意，生活上的不顺心，使得她的抱怨重重。她不满意他微薄的工资，不满意他卑微的位置，不满意他们狭小的住房……

终于有一次，她爆发了。"我为你抛弃了一切，你凭什么来报答我的爱？"她生气地问道。他回答："凭爱。这些年来我对你的爱一直完好如初，没有丝毫的破损。""你的爱就是让我们住租来的破房子？让我们要整天为生计而奔波？你拿什么来爱我？"他无语，心中止不住的失望。

后来他下海经商，发誓要给她想要的一切，所以他格外努力，拼命拼杀。不久他便买房买车，拥有了有钱人所拥有的一切。她满足了，每日沉浸在游

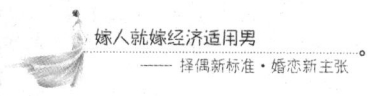

泳、美容与购物的乐趣之中。

不过有一天,她忽然怀念起从前的日子,那时候他们一起散步、一起做饭、一块儿看电视,而如今,他在自己身边的时间越来越少。每次回家,他总是抽出一沓钱给她,问:"够不够?"然后又匆匆离去。

她又变得不满意了,现在的他缺乏温情,像个匆匆过客。一次她哭着对他说:"为了你我抛弃了父母和朋友,我现在只有你一个亲人,你说过要用一生的柔情呵护我一生的爱,而你现在用什么来爱我?"

他很平静地抽出一沓钱说:"给你,看看够不够。我很忙,没有时间讨论这些事情!"现在她最憎恨的就是他甩钱的动作,最怀念的是当初对自己的温柔。而现在,一切都没了。她这才意识到:当初他给自己一如既往的爱,自己却想要与爱无关的舒适生活;而当拥有所想拥有的一切时,他已没有时间再对自己百般呵护。

幸福为何总是离我们这样遥远?因为我们总是无法掌握好心中的天平。心中有爱,无关于生活中的一切是否舒适与豪华。

其实真正的幸福与金钱无关,与住别墅开名车穿裘皮无关,与高官厚禄无关,真正的幸福是心灵的安恬,精神的充实,和谐的情感,平静的生活。

2
真正的爱情才是最实在的东西

爱情就在我们身边，就是我们生活中的点点滴滴。经济男也许不会给你玫瑰，没有过多的金钱为你燃放烟火，但他却会给你面包，在剩下一个面包的时候，会把一大半都给你。不需要多么轰轰烈烈，不需要多么感天动地，也许爱情，就是那一碗豆浆，一支油条。

他们俩郎才女貌，情投意合，是人人羡慕的一对。曾经，他发誓，要给她幸福，虽然那时他只能满足两人的温饱。她也发誓，会做他的新娘，但美好的憧憬换来的却不是幸福的明天。

忽然有一天，她对他说不再爱他，因为有一个富翁肯娶她为妻。他终于看清了爱情的面貌：在巨大的物质财富面前，爱情的浪漫只是一时的激情而已。当一切回归现实，真正决定爱情方向和质量的还是金钱。

他愤然离去，下决心凭着自己的才华和能力，闯出一番天地。终于在历尽千辛万苦后，他赢得百万财富。此时，他想起她，尽管她伤他最深，但他对她的爱和恨都是一样刻骨铭心。

最终，他鼓起勇气决定驱车去找她，看看她过得好不好。他沿着记忆中的道路去寻找她家的位置，却在一块墓地旁发现了她年迈的父母。他下车紧跟其后，发现两位老人正俯身在一块墓碑前放下鲜花。他看见照片的那一刻惊呆了：墓碑上竟是她的面容！

他十几年的委屈、思念、幸福与痛苦化作一览无余的泪水，洒在她的坟前。当年的一幕幕浮上他心头：冬天，为她暖那双冰凉的小手，清晨，为她买来她爱吃的包子；散步，永远走她的外侧，挡住所有可能的危险……

两位老人告诉他，女儿嫁给富豪后并不快乐，整天被孤独和寂寞煎熬，还有富翁的打骂。最后，她怀着悔恨的心自寻短见，她希望自己当初的选择，是你。

他听后，心中不知是什么滋味，只是觉得，为什么人们总是在失去之后，才会怀念从前单纯的美好？

爱情不是虚幻的浪漫，不是用金钱买来的幸福，而是实实在在的关怀和呵护。爱情是逛街的时候，手牵着手；是打电话的时候，要打到卡上的钱剩最后一分钟，才恋恋不舍的挂掉；是推掉所有的约会，只是为了跑去看看你，和你说说话；是静静的听着你说自己的不开心的事，却把自己的心事放在心底。

爱情就是实实在在的生活，没有太多的梦幻，珍惜你摸得到、抓得住的爱情。

患有先天性心脏病的妻子发现最近身体越来越糟，她知道自己随时都有可能失去生命。妻子不想让丈夫为自己担心，于是隐瞒了病情，还悄悄写下了遗嘱，告诉丈夫不要为她的死伤心，应该再找一个爱他的女人幸福地生活。

几十年来，丈夫对妻子的爱一如既往，每天陪她散步，每周陪她上街购物，每月都会送她鲜花，每年陪她外出旅行。无论何时，总是抢着干活，从不让妻子累着；基本上都听从妻子的安排，从不让她伤心生气。他们的爱情虽然不浓烈，却温馨而感人。

他们有一个女儿，女儿懂事后就发现了爸爸的怪习惯：他总是抢着去接电话，尤其是妈妈外出上班不在家的时候。爸爸不让她先接电话，有一次女儿先接了一次，就被爸爸训斥了一顿。女儿觉得莫名其妙，不理解爸爸的怪异举动。

后来有一次，妻子下班还没回来。丈夫显得有些焦虑，忽然电话铃响了，丈夫跑着去接电话，但就在快要接近电话的时候，丈夫突然滑倒，一下子起不来了。丈夫被送进医院治疗，那天妻子本来是要打电话告诉丈夫她要加班，不回来吃饭的。

她守在病床前责备丈夫做事鲁莽,但女儿却告诉妈妈父亲的怪异举动。后来,在妻子的"严刑逼供"下,丈夫终于说出实话。原来他一直以来都十分清楚她的病情,他担心时刻会失去她,所以每次电话铃声响起,他就会特别紧张,怕听到的就是妻子的噩耗。

女儿终于理解了爸爸之前的怪异行为,他所有的关怀与爱,都凝聚在他抢先一步去接电话的所有细节上。妻子知道缘由后,感动的泪水止不住地流。

有时候,爱情只需要一个细节来体现,这,就是爱的全部。而那些用鲜花堆砌的浪漫,用烛光点燃的氛围,用烟火照亮的夜空,在一生的情感中,轻如鸿毛。

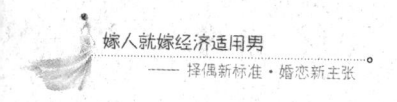

3
幸福藏在激情过后的平淡日子里

再美的花看得久了也会普通，激情过后永远是平静！看开了一想，就会发现，生活平平淡淡才是最真。珍惜你所拥有的，呵护这份温情，坦然地面对激情过后的平淡日子，你会发现，幸福原来一直不曾离开。

结婚十多年了，汤芬颖和丈夫早已没有了当初的激情。那晚，汤芬颖跟丈夫吵架之后便一个人跑到酒吧喝酒。后来，她独自一个人走在路上，觉得莫名的悲伤。走着走着，便蹲在路边哭了起来。许久之后，汤芬颖听见一个声音："你迷路了吗？"

汤芬颖抬起头，泪眼汪汪地望着面前这个人，是个30岁左右的男子，戴眼镜，夹个公文包，看上去像是下夜班的样子。

汤芬颖摇摇头。"那你怎么一个人在这坐着哭，很危险。"男子真切地说道。"我没事，只想一个人静静。"此时的汤芬颖已经停止了哭泣，只是脸上还挂着泪珠。

男子忽然打开公文包，从里面拿出一张纸巾，递给汤芬颖，"擦擦眼泪吧，早点回家。"说着意欲离去。

接过纸巾的汤芬颖忽然又大哭起来，男子有些不知所措，问她怎么了。"我只是很感激！"汤芬颖擦着泪水，对男子说道："你是陌生人，我们又不认识，只不过在路上看到我，就会问我是不是遇到了麻烦，还会担心这么晚，我一个人会危险。而我的丈夫，却总是让我伤心！"

"你怎么会这样想呢！"男子说，"你想想看，我只不过是给你一张纸巾，让你擦擦眼泪，可是你丈夫，和你一起应该有很多年了吧？每次在你哭的时候，难道他从没安慰过你？没给你递过纸巾？相信他做的比这多多了。你怎么不感激他呢？你怎么还要跟他吵架呢？"汤芬颖一听，整个人楞住了！

是啊，自己和丈夫结婚十多年，他总是处处让着我，呵护着我，吵架，基本上也都是自己耍小性子。他在危险的时候保护我，在伤心的时候安慰我，在我遇到问题的时候帮我出主意，我怎么就从没感激过他呢？而且，只为了小小的事，就和他大吵一架。

"谢谢你！"汤芬颖忽然想通了，站起身，往家的方向走去。当汤芬颖走到家门口时，看到疲惫、着急的丈夫正在四处张望她。看到汤芬颖时，丈夫就先开口说："你怎么才回来？手机也关机，不知道我会担心吗？"温柔的责备让汤芬颖的眼泪再一次不争气地涌出，她一下抱住丈夫，哽咽着说："谢谢你，亲爱的。"

有时候，我们会对别人给予的小惠感激不尽，却对亲人的恩情视而不见。也许是时间冲淡了这一切，当我们习惯了爱人对自己的好的时候，会觉得那是理所当然，自然感觉不到感动。其实，并不是婚姻让爱情变得平淡，而是你的心变得麻木。

有一对男女，恋爱的时候他们如此狂热地爱着对方，但婚后，随着岁月的流逝，他对她的感觉开始变淡了。他的心，慢慢转移到别处。

无意间，他在一份杂志上看到一篇署名为秋风的散文，温婉的手笔显然出自一位情感丰富的女子。文章委婉表达了作者对婚姻生活的失望。看着那优美的文字，那一抹淡淡的哀愁，他被这位女子的才情所吸引。

于是结识的渴望油然而生。他禁不住写了一封信，请编辑部转给作者。在信中他这么写道："我很欣赏你优美的文风，像你这么一个感情细腻的女子，你的爱人怎么就不知道珍惜？"

他一直期待着秋风的回复，但两个月过去，一点消息都没有。

就在他彻底失望的时候，在一个周末，他突然发现家中桌上放着一封信：那不就是自己写给秋风的信吗！他一惊，继而又释然：自己怎么忘了妻子曾经

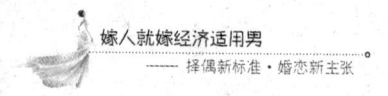

写得一手好文章呢？只是因为婚姻让她淡忘了写作。

此时的她正在洗衣服。他走进洗衣间，说："我来洗吧。"她一笑，太阳从西边出来了？他没笑，只是望着妻子的脸，这才发现，其实妻子仍然还是那么美丽，于是他轻轻拉住了她的手。

这就是生活，它会把曾经的美好变淡，淡到你已经感受不到它的美。但实际上，它一直都存在，关键在于你，有没有把目光集中在那上面。有时候并非生活中没有美景，而是因为我们的习惯、淡漠致使心灵蒙尘，以至于发现不了身边的美景。

风景其实就在你身边，关键在于你是否有欣赏风景的心境罢了。就像总是有很多人在不停地抱怨，抱怨丈夫没有从前爱自己，抱怨生活变得平淡无奇，其实，生活处处有风景，只要我们用心去观察，就会发现原来幸福就在不经意的点点滴滴的生活中。

4
不要总等着他先说出那句"我爱你"

"我爱你"三个字不是轻易就能说出口的,里面包含了相当丰富的内涵。女人爱听男人对自己说这三个字,也期待着男人说这三个字,认为男人理所当然应当主动对自己说"我爱你"。但对于传统的经济适用男来说,虽然他心里很爱你,但让他说出来,对于他来说还是有些难度的。

为何你不会主动先对他说"我爱你"呢?许多女人总喜欢把矜持摆在第一位,总觉得向一个男人主动表白是一件很羞于见人的事情。但一段难得的姻缘并不是每个人都有福气遇到的。一生中,能够遇到一个自己喜欢的人,是一件不容易而又幸运之至的事情。当你遇见了那个让你觉得不错的男人的时候,你还打算一味的守着你的矜持,宁愿看着他跟你擦肩而过吗?

其实,男孩和女孩都是喜欢着对方的,可是两年来,他们一直保持着一种若即若离的关系。

男孩很优秀,他爱女孩,但从不表白,他不明白为什么那三个字就非得先要男生说出口。他想要的爱情很简单,只是希望先从女孩口中听到那句"我爱你",然后就将她拥入怀中。

他怕女孩不知道他的心意,也曾无数次给对方暗示:

男孩说:如果今晚有女孩在夜里十二点给我打电话对我"我爱你",那我就爱她一辈子。女孩在夜里拿起电话又放下,反复几次,还是没有拨通男孩的号码。

男孩说:我喜欢的女孩一定要会在我沮丧的时候给我安慰。

女孩说:现在可以给你安慰的女人有很多,包括你家的保姆,只要你付给

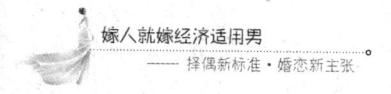

她工资就行。

男孩说：如果她真的爱我，一定会知道我在想什么，也知道我在等哪句话。

女孩说：你不会是想找个巫婆做老婆吧？

日子一天天的过去，女孩也会为了男孩去可以的改变自己。男孩说你的英语太烂了，女孩就在暑假报了三个英语培训班，狂轰乱炸似的补习；男孩说女孩不够淑女，女孩就硬着头皮去学习化妆和礼仪。女孩想，总有一天男孩会明白她的良苦用心，主动跟她表白的。

于是，女孩在盼，男孩在等。

终于有一天，男孩又遇到了另外一个女孩。几天后，他从那个女孩口中得到了久违的那句话。

男孩告诉女孩，他恋爱了。那个女孩的那句"我爱你"，让他觉得安心和幸福。

女孩泪流满面。她多想马上就对他说出这句话，可是已经来不及了。

因为面子和矜持，女孩错过了他爱的男孩，原本应该浪漫的剧情却以遗憾收尾，这是多么可悲的事情。

聪明的女人十分清楚自己想要的是什么样的男人和感情，当它们经过的时候，一定会第一时间喊出那句"我爱你"。如果刚好赶上男人也对你有好感，那自然是皆大欢喜。即使这段感情没有成功，最起码自己的心里也不至于空留遗憾了。

世间本就没有什么坐享其成的美事，你有多少福气可以让幸运频频光临到你的头上？所以别在那里一味的傻傻等待了，当时机差不多成熟的时候，主动一点又有什么关系？如果一句简单的话就可以让你成为他怀里的宝贝，你又何苦在那里默默付出，等着他先开口呢？况且，你还得担着被别人"捷足先登"的危险。

如果你遇到一个自己喜欢又对你不错的男人，不妨大胆的向他先说出那句"我爱你"吧。让他知道你的心意，让他知道他的付出没有白费，这也是让你们的爱情"登堂入室"的捷径。

余冉冉和老公结婚20年了,这20年来,老公就对余冉冉说过一次我爱你,还是在恋爱的时候。余冉冉常常为此事感到苦恼,怀疑是不是老公不爱自己了。她为此一次次和老公争吵,老公说自己性格内向,不善于表达,希望她能理解。

后来,余冉冉也学聪明了,既然老公不说,那就自己先对他说。每次当余冉冉深情地对老公说"我爱你"三个字的时候,老公会特别感动,会自然而然地说出那句"我也爱你。"

爱,本来就是相互的东西,没有固定谁就应该先说出那句"我爱你"。爱他,就告诉他,不一定要等他先说,你不时的一句"我爱你",会唤起他更多的激情和爱意。

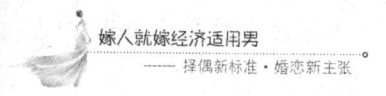

5

不要为他付出得太多

即便很爱一个人,也不要为他付出太多,不讲原则的付出,不但会给对方带来压力,也会让自己活得很累。有些女人以为自己付出越多就会从男人那里收获越多,实不知,有时恰恰事与愿违!

爱情就像天枰一样,本来是平衡的。随着你付出的重量不断地增加,男人那边就会翘的越来越高。久而久之,就看不见被爱情的重量压得越来越低的你了。

想要拴住男人,坠入爱河的女人更应该保持理智和自我,即使义无反顾的爱上了一个人,也要时刻谨记:付出越多,越拴不住男人的心的道理,否则,他必然会习惯于你的纵容,无视你的付出,甚至开始轻视你、不尊重你、怠慢你。到那时,他离开你,恐怕就是无可挽回的定局了。

在大学里相遇、相知、相爱的情侣很多。程欣和邵云帆也是如此,他们在同一所学校读书,却都出自于一个不太富裕的小山村,有着相同的生活背景,有着共同的目标。两颗年轻而火热的心很快就擦出了爱的火花。他们的爱情虽然不像别的恋人那样奢侈,却也充满了温馨与浪漫。

北京的大学校风很严,学校屡次讲到男女同学不能越界的事,但事情还是发生了。程欣怀孕了,校领导严查此事。但是,程欣为了爱、为了邵云帆的前程,一个人承担了下来。她死都不承认孩子是邵云帆的。她想,两个人的前程,不能全都耽搁了。更重要的是,她想让邵云帆知道,她有多爱他,为了他,她可以放弃一切。

事后,邵云帆跪在程欣面前说:"你放心,我们说过一辈子相爱,一辈子在一起的。毕业后我找好工作就接你回来，你先回家等我，好吗"？

于是程欣回到了老家。起初邵云帆很守信用，每天一个电话，两月回来一次。毕业时，邵云帆如愿留在了北京，而且找到了一份好工作。

邵云帆是大山里的孩子，在这里没根没业，有同事就介绍女孩子给他，是个北京女孩子，父母是高干，有车有房不说，还能对邵云帆的前途有极大帮助。他心中的情感的天平开始倾斜了。程欣，没有毕业，而且马上就要生孩子了，将来还能有什么前途？

三个月后，程欣生了一个男孩，她来信说："多想你在身边。"于是邵云帆回到老家看她。但是，当他看到敞着怀，正在给孩子喂奶的程欣时，再想一想北京追求自己的那个美丽女子，邵云帆的心更加动摇了。

邵云帆的种种表现被程欣看在眼里明在心里。她说，如果你不方便，我是不会拖累你的，今天你已经飞黄腾达，已经不能和以前相比了。

邵云帆，虽然羞愧不已，但是在那位背景深厚的城市女子与程欣之间，他还是选择了前者。他撒谎说："要出国，不知何时才能回来，你不要等了。"然后，他掏出一张银行卡，那是两万块钱，对于程欣而言，已是很大的一笔数字。

之后，他换了手机号，搬了家，目的就是怕程欣再去打扰他。他并没有出国，而是和那个高干的女儿谈起了恋爱，去吃西餐，喝咖啡，用英语说着"亲爱的"。总之，邵云帆把旧的那套东西全部抛弃，开始了新的爱情和生活。

全心全意的爱换来的只是抛弃，百分百的付出收获的只有痛苦。当残酷的现实摆在面前，恋爱中的女人们还没有清醒吗？过多的付出只会让双方在恋爱中的地位失衡，导致被你"宠坏"的男人加快离开你的步伐。

"当一个人占据了我的心，我就会全心全意地爱他，心甘情愿的为他做任何事。"这句话，相信就是大多数处在恋爱中的女人的心里话，她们总是认为只要自己肯"付出"，就一定能够拴住自己的男人，但事实上绝非如此。

男人是理性的动物，他们习惯把感情和感恩分得很清楚。很多时候，女人全心全意的付出，会给男人形成莫大的压力。当对方不能承受这种压力的时候，自然就会选择离你而去。因为，他们绝对不想在"还债"的氛围中与你相伴终生。

所以，恋爱中的女人一定不要爱一个人爱得浑然忘却自我，那样全身心的爱只应该出现在小说里，在现实社会中是不受欢迎的。

爱情需要付出，但一定要有度。只有理智的恋爱、适当的付出和索取，才是对待爱情应有的态度。

在爱情的国度里，保持资本，永远比殷殷付出管用的多。

6 女人，不一定要很强

有些经济男在收入上还不如女方，越来越多的女人不仅事业有成，在家中的地位也变得强势起来。由于经济男的脾气很好，所以有些女人动辄就对男人颐指气使，甚至大声呵斥，成了"女强人"。可是，真的成了女权主义者，女人就幸福了吗？

女人的幸福一方面来自于事业的成就感，另一方面来源于家庭的温馨，来源于另一半对自己的呵护和爱。可是，有几个男人会喜欢常常把自己当下属教训的女人呢？

林珊是一名律师，丈夫在杂志社工作，夫妻俩事业发展的都很不错。丈夫经常在当面夸奖她，这在林珊看来是应该的，因为她一直认为自己是最优秀的，所以有的时候难免有一种居高临下的优越感。

她一直以为丈夫对他的爱会像对她的欣赏一样坚定，然而他们的婚姻却因另外一个女人的介入而破裂了。

丈夫说：我知道是我的错，你是个非常优秀的女人。但是在家庭生活方面，我不知道我作为一个男人的地位在哪？而从另外一个女人身上，我找到了。她需要我的照顾，而你，即使没有我，也能够生活的很好。

女人在事业上要强，也许可以得到更大的发展。如果在感情上也要强，不肯向男人低头、拒绝男人的照顾，就会让男人对你敬而远之了。就像林珊的丈夫一样，他觉得他的存在对于你来说没有任何价值。作为家庭中的女强人，最终的结果除了把自己搞得伤痕累累之外，别无所得。

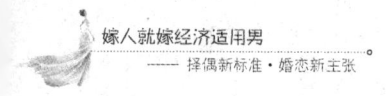

坚强是很多女人失败的最主要的原因。以最恰当的方式向最爱的人示弱，寻求他的理解，获得他的关爱才是女人应该做的，才能让男人在你面前觉得自己像个男人。

谭静虽是位美女博士，但当年的相亲标准并不高——为人诚恳、有事业心、上进心。就这样，她选择了公务员徐波。可是，婚后不到三年，谭静越来越看不起徐波，眼瞅着自己的同龄人也开始坐轿车买洋房，而徐波仍然还是拿着两年前的工资，谭静的气就不打一处来。火一上来，就摔盆砸碗。她宁愿长期在外地出差，也不愿意陪着徐波，最终"摔碎"了脆弱的婚姻。如今，徐波依然知足地过着简单而平凡的生活，又娶到了一个温柔可心的老婆。但孤身一人的谭静，仍不知道自己错在了哪里。

太聪明、太独立的女人让男人感觉不到温暖，很难与她分享浪漫。建议这类咄咄逼人的女强人，在家里要迅速变换角色，在爱人面前，要学会收敛起过强的上进心和自尊心。夫妻矛盾的解决绝对不能靠逞强，即便丈夫的做法不妥当，也不妨装装糊涂，得过且过。这样，双方都会觉得轻松不少。

男人对女人的无限渴望与仰慕大多起因于容貌，而在日后的生活中真正让男人为之倾心的却是温柔。

温柔不是软弱，是大度、仁厚。女人的温柔静水流深，温柔的韧性，足以承受生活中所有的磨难。邓丽君的美之所以能够渊源流传，正是因为她有一种让人忘记痛苦的甜蜜，她的笑容温柔得让人窒息。

贾宝玉说："女人是水做的。"林黛玉并不是《红楼梦》中最美的，薛宝钗就比她漂亮。然而宝玉却更爱黛玉，读红楼梦的男人们也会觉得黛玉比宝钗更让人怜惜。她的娇嗔、她的婉转、她的妩媚、她的细腻、她的柔弱无骨，甚至她的弱不禁风，无不让男人怦然心动，禁不住想要疼爱她，保护她。正像一位诗人所说的，"女性向男性'进攻'，温柔常常是最有效的常规武器。"

如果你想征服一个男人，可以用美貌，也可以用你的温柔，但美貌征服他的是眼睛，温柔征服的是他的心。温柔的女人是天使，她也许不是都市的白领，学历不那么高，厨艺不怎么样，她的手不巧，甚至是笨拙，长相也一般，总之，她算不上一个十全十美的佳人，但她却温柔，说起话来"和风细雨"，这就足以让男人陶醉。

经济男渴望被人尊重，渴望妻子小鸟依人。所以说，要想做个幸福的女人，享受被丈夫捧在手心里的甜蜜，就赶快收起你女强人的面孔吧。别让你的坚强和倔强，冰了男人的心。

别碰经济男的"禁区"

要想让经济男死心塌地的爱你，就要讲究一定的技巧的。除了自身的修养之外，一些关于男人细节的东西也不得不注意。特别是他们面子的禁区、雷区，女人千万不能触碰，更不要踩中，否则，情感是会被炸飞的。

禁区一："我以前试过了！"

他满腔热情地带你去试新开张的饭店，带你去紫金山看流星雨，带你看足球比赛，甚至战战兢兢地吻你，即使你对这一切可能一点也没有感到陌生，你也不该告诉他，他的新鲜感只是你的重复。

经济男喜欢感情单纯的女生，不奢求之前没有谈过恋爱，但也不希望是个什么都经历过的"老手"，你提不起兴趣的态度会让他觉得很扫兴。把和他的恋爱当成是第一次的恋爱经历，大家一起去感受那些单纯的美好，好过你以一副专家的口吻对他的新鲜感无动于衷。

禁区二：对他挣钱少表示不满

经济男没有家财万贯，但保障你们的生活却完全没有问题。不过他还是不希望你总念叨他挣得少，没有一个男人不会在乎自己挣钱的数目，在他们眼里，挣多挣少代表的是一个人的能力，如果你嘲讽他挣钱没你多，那简直就像

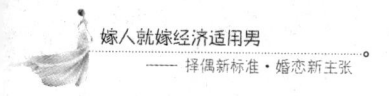

打他耳光一样,让他难以忍受。

宁宁和她的丈夫本来都在国企上班,后来,宁宁去了一家广告公司,她的能力很快显现出来,收入自然也不断增加。而丈夫的工资一如往昔,没有什么变化,这让宁宁有点难以忍受。劝丈夫换工作,他又不肯,于是,她就开始在亲戚朋友面前数落丈夫,甚至闹到要与丈夫AA制。丈夫一气之下,提出与她离婚。她说自己只是想激起丈夫的上进心,并没有想到会闹到这种地步。

男人比女人挣钱少,本身就会觉得自卑。如果你再在众人面前数落他,他肯定会受不了。那时就不是爱你没商量,而是厌你没商量了。

禁区三:"别人都比你能干!"

如果家里的下水管坏了,你明知隔壁邻居的林先生是水电技工,你也千万不要立刻去求助。更不要冲口而出说:"你不会弄,还是找人来修吧。"

是男人都讨厌女人拿自己跟别的男人比较,经济男也不例外。当你对他一副瞧不起的口吻,他会赌气地说:"别人都比我强,你跟别人过去吧。"所以,即便你心里明明知道他修不好水龙头,也要给他一个机会,如果他自己修不好,不用你说,他自己也会去求助别人。

禁区四:以成败论英雄

俗话说:"胜者为王,败者寇。"但是,如果他失败了,你千万不要拿这个理论去评价他,那等于是在他的伤口上撒盐。

莫莉辞职开了一家内衣店,之后又代理了一家品牌服装,生意做得红红火火。她的丈夫本来在一家私企上班,看到妻子挣的钱比自己多,心里不平衡,也辞职下海,和朋友合伙开了一家饭店。可是由于经营不善,没多久就倒闭了,一下子赔了六七万。那钱多半都是自己辛辛苦苦挣的,莫莉不高兴了,她当着朋友的面批评丈夫没有经验办事草率。丈夫当然无法忍受她的颐指气使,于是吵架便成了他们的家常便饭。

失败了，他心里也不好受，作为妻子就不要再打击他了，他需要的是你的鼓励，而不是你板着脸的教训和埋怨。不如对他温柔一点，安慰他"胜败乃兵家常事"，用鼓励让他重整旗鼓，恢复自信。如果你想让你的"经济男"老公有朝一日变成"王老五"，那就收起你的恶语吧！

禁区五："对于170cm以下的男人说他矮！"

千万不要说这种话，当他们看到乔丹伸手就碰到篮球的架框，而自己需要叠两个水果箱做梯子才可以打进球时，他们对于任何不用抬头就可以看到他们脸的女孩都会十分介意。

你要忽略他的身高，即使不得不提起，你也要以伟人作比喻，如拿破仑等。极力称赞他的内涵，而不是对他的身高表现出不满。

禁区六：背叛

天底下没有哪个男人愿意戴绿帽子，这绝对是死穴中的死穴。站在对方的立场想想吧，如果你发现他搞外遇，一定也恨不得杀了他吧。对于经济男来说，女人的背叛甚至会让他一辈子都无法原谅你，因为这让他觉得很没面子。任何一个男人都不可能轻易原谅曾经背叛过自己的女人，一定要牢记这一点，劈腿可不是那么好玩的。

禁区七："你只听你妈妈的话！"

虽然他的确是有点怕他的妈妈，但你不能说他是他妈妈的傀儡，你只能说他孝顺，你唯一可以做的，就是尝试做他后半生的妈妈，取代他母亲的位置，代他出头和控制他的一切决定，这听起来十分独裁，但是你不控制他，他母亲就不会对他放手。就算他是真的很听他父母的话，你也不能以此来讽刺他、挖苦他，这样做同样会伤害他的自尊心。

禁区八："你应该这样……"

经济男也不喜欢你在他做事的时候指手画脚，尤其是在外人面前。有的女人偏偏还是要"从旁指导"，甚至大包大揽，干脆一把抢过来，"我来吧！"日久天长，大家会夸这个女人能干，但是这位丈夫却会越来越没有成就感。其实你完全可以更委婉地把你的意见表达出来，而不是不给他一点发挥的自由。

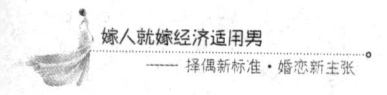

男人什么都可以丢,就是不能丢面子。有情、有弹性、有包容心的关怀,是每个男人梦寐以求的东西。

8
让他把爱你的习惯深入骨髓

爱不是单方面的付出,而是相互交融的过程。你要在爱他的同时,也培养他爱你的能力。许多女人结婚后容易毫无保留地将自己的全部柔情奉献出来,女人的幸福把她自己给淹没了,她的爱也把男人给淹没了。

这种女人的爱不讲究技巧,在她们那里,任凭感情的野马奔驰,理智降到了最低点。但这样就会得到男人一辈子的宠爱吗?其实一个女人得到一个男人的爱,并不是难事。难得是让这份宠爱持久,贯穿你长长的一生。加入你爱上了一个经济适用男,要学会让他把爱你的习惯深入骨髓。

一对小两口生过孩子之后,他们开始了分床而居的生活。白天工作疲惫,晚上应付孩子,渐渐地二人之间的话越来越少。

"我有个郑重的要求。"女人首先意识到了他们之间潜伏的危机,一天,她对男人说。"什么要求?"男人漫不经心地问。

"每天给我一个吻。"

男人看了女人一眼,笑了:"有必要吗?"

"我提出了这个要求,就证明十分有必要。你发出了这个疑问,就证明更有必要。"

"情在心里,何必表达。"

"当初你要是不表达,我们就不可能结婚。"

"当初是谈恋爱,现在结婚都有孩子了,没有那个必要了。"

"怎么会没有必要呢?除非你不爱我了。"

女人的眼泪就吧嗒吧嗒像断了线的珠子落了下来，男人最怕女人掉眼泪，马上妥协说："好，我答应你，你不许哭了。"说着走到床前给了女人一个吻。

女人这才破涕为笑。

此后，男人每天都会在女人的提醒下，给她一个吻，渐渐的男的也就习惯了。每当两人之间有了什么不愉快，都会因为这个吻而化解。渐渐地，两人的关系充满了一种新的和谐。

终于有一天，女人要去另外一个城市长期进修。临上火车前，她对他说："你终于暂时解脱了。"

"我怕我会怀念这个任务呢。"果然，她到那个城市的第二天就接到了他的电话。他说："爱的任务是幸福的任务，我现在明白了。"男人的声音在电话里异常温存。

女人的眼睛湿润了，她听到他又说："以后，每天我都要打一个一分钟的电话给你，把我的吻在电话里传给你。"

女人的泪终于滑出了眼眶，可是，没有人知道她的心里是多么的甜蜜和欣慰。后来，有人羡慕地问她说："结婚这么多年了，怎么还能这么热乎？"她都会笑着说："因为我们有爱的任务。"

壶里的水热不热，只是和炉里的煤存得足不足、火燃得旺不旺有关系，只要煤足火旺，时间越长越会是一种有效的催热剂。当然，还在于烧水的人是否用心在烧这一壶浪漫的水。

对于相爱的男女来说，婚姻在激情飞越之后，回归质朴。人们常常以"平淡是真"为借口，回避对感情的麻木和粗糙。却不明白，如果我们像习惯忽略爱情那样，习惯去经营爱情，爱情就不会冷却了。

最重要的就是，女人要明白，爱是一种能力，长久不用就会作废。你在付出真爱的同时，还得有意识地培养他爱你的习惯。

在你疲惫的时候，让他给你冲杯茶，让他知道你也很辛苦；在你生病的时候，让他陪你去医院，让他知道你在承受着病痛，也需要人照顾；选择他闲

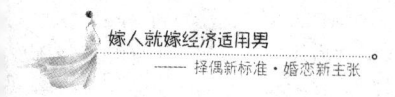

的时候,让他和你一起打扫房间,或者做做饭,让他理解和体会你的辛苦。总之,你要让他养成关心你、体贴你的习惯和意识。

生活中,常听女人这样抱怨:"我家的那位太懒了,什么都不做,结婚这么长时间,厨房里的油盐酱醋放哪儿都不知道。"或者是"我家那位太自私!我生病了,他都不知道给我弄点药,晚上还和朋友出去玩到半夜才回来。嫁给他,我算倒了八辈子的霉了。"这些牢骚满腹的女人不知道,男人不好,并不都是他们的错,许多时候是你把他宠坏了。

你爱他,也要让他爱你,婚姻毕竟和恋爱是不一样的。爱可以排斥理性,但生活却一定要有理性。女人的爱最容易忘我,迷失自己,清醒一点吧,千万不要一边抱怨丈夫,一边又娇惯丈夫。把握住爱的尺寸,做一个能驾驭自己感情烈马的好骑手,才能在温馨的感情世界里尽享做女人的快乐甜蜜,才能赢得丈夫的百般宠爱。

习惯是一种很神奇的东西。当他把对你的爱变成了一种习惯,并渐渐将这种习惯深入骨髓之后,你想让他不再关心你、不再爱你都难。